ゴミに未来を託した男

石井邦夫伝

杉本裕明

幻冬舎

ゴミに未来を託した男

石井邦夫伝

ゴミに未来を託した男　石井邦夫伝

目次

第二章 リサイクルに目覚める

第三章 何でも一番がいい

第四章
更なる発展へ

第五章 業界の未来

プロローグ

晴れわたった空から陽光が降り注ぎ、早朝の厳しい寒さも次第に和らぎ始めていた。二〇一八年二月一三日、千葉県市川市のセレモニーホールで、石井邦夫の葬儀・告別式が営まれた。石井は市川環境エンジニアリング（本社・市川市）の社長であるとともに、一万五〇〇〇社の廃棄物処理業者を代表する全国産業廃棄物連合会の会長、さらに地元の市川商工会議所の会頭も兼ねる。前日の通夜も含め、参列者は二二〇〇人にも膨れあがっていた。石井の突然の死を知り、彼を慕う業者たちが、政治家や官僚たちが、全国から駆けつけていた。

焼香が始まり長い列ができる。私は掲げられた石井の遺影を見つめた。この日の空を表すように、穏やかで晴れ晴れとした笑顔であった。

やがてお別れの献花に移った。弔問客が次々と棺に収まった石井に別れを告げた。石井の顔は平穏なものであったが、しかし闘病の傷跡を深く残してもいた。私は一輪の花に小さくたたんだ一枚の紙を添え、石井の右胸に置いた。

それは石井のためにある専門誌に私が書いた追悼文であった。石井との出会いを振り返ったたものだ。「――石井に会って2時間がたっていた。別れ際、私に尋ねた。『ところで、何で私の二つの施設を取材したのかね』。私が、全国で一番先にできたリサイクル施設だったからと理由を話すと、目を細めて喜んだ。その人なつっこい笑顔がいまも脳裏から消えない」。

非礼とも思ったが、こんなことをしたのは、廃棄物の世界で先進的なリサイクル事業を展開し、動脈産業の下請と化していた静脈産業の地位向上のために奮闘してきた石井の実績と、懐の深いその人間的魅力にすっかり魅了されたからである。

業界のパイオニアだった石井邦夫

石井邦夫に会ったのは二〇一七年一〇月のこと。以前、廃棄物関連の著書を出版した時、それを読んだ石井社長から「会いたい」とのメッセージが寄せられた。しかし、お互いに日程が合わず、それっきりになっていた。

この日、多忙にもかかわらず時間を割いてくれた石井は、人づてに聞いていた通りの人物だった。会議室で紺色の作業服を着て現れた石井は大きかった。石井が会長を務める全国産業廃棄物連合会（現・全国産業資源循環連合会）の機関誌に産業廃棄物業界の戦後の歴史を書きたいがどうかと相談するのが訪問の目的だったが、石井は「うん、やりなさい」の一言。即決で決まった。そしてこう続けた。「せっかくだから私のことを知ってもらいたい。いろんな業者にこれから会うと思うが、きっと役に立つ」。

出生から、心ならず父親の経営する廃棄物処理会社に入ったこと。嫌でいやでたまらなかった頃、父の代わりに米国視察団の一員として渡米したこと。機械化が進み、スケールが大きく、廃棄物処理業に誇りを持って働く人々を目の当たりにし、衝撃を受けたこと。チッソの元幹部との出会い。そしてリサイクル事業に邁進《まいしん》し、今はベトナムの事業に力を入れている――。会社の歴史を語る一方、連合会の会長としていま振興法案づくりを進め、業界の地位向上を目指しているのだと語った。そのためには業界自らが自己研鑽《けんさん》を積まないといけないことを力説した。あっという間に二時間を超過し、取材ノートの半分が石井の言葉で埋まった。

翌年二月。告別式で掲げられた石井の遺影を見て、これらの重要な話を何か書き記さねばと思ったのが、この本づくりの出発点である。

石井の功績は、日本でいち早くリサイクル産業の重要性に目覚め、そしてそれを開拓し、この業界のトップリーダーに上り詰めたことだ。いま世の中は、脱炭素化と資源循環の二つの動きが急である。大量の二酸化炭素を排出する火力発電所や、放射性物質をばらまき多くの人々を不幸のどん底に突き落とした原子力発電所に代わって、再生可能エネルギーがその地歩を着実に広げている。大量の資源を食いつぶし、大量生産、大量消費を是としてきた社会の見直しが進み、省資源とリサイクルによって資源を循環的に利用する「サーキュラー・エコノミー」の社会が待ち望まれている。

石井は一九八〇年代の初め、誰も見向きもしなかったプラスチックごみのリサイクルに取り組み、固形燃料化をはじめ様々なリサイクル手法に広げていった。プラスチックにめどがつくと、今度は食品ごみとして初めてのメタン発酵による発電事業に着手した。

「何でも一番先」にこだわる石井はこの業界のパイオニアである。

その旺盛な意欲は、ある社員がプールで泳ぐ石井の姿を見て「クジラのようだ」と評したように、まさに何でも飲み込むように旺盛で事業の推進力となった。その推進力の背景には、人柄の良さとその人間的魅力に惹《ひ》きつけられた協力者の存在があった。石井の経営者としての人生は順風満帆ではなかった。むしろ失敗の連続といってもいい。

前例がないことをやるから、まさにトライアル・アンド・エラーの繰り返しである。社員を温かく見つめ、おそるおそる提案をする社員には「わかった。やってみろ」と背中を押した。赤字が続いても我慢を続け、リサイクルの新分野を切り開いていった。失敗に終わった時は石井が全責任をとり、自分の給料を半分にした。

石井が苦労してやってきたことは、やがてリサイクル法などの国の制度として確立した。それが推進力となり、石井の事業は一気に業界全体に広がっていく。時代の変化を嗅ぎとることにたけていた石井は、二〇代の頃から大企業の研究所や大学の研究室を訪ねた。国内に先例がないことを知ると欧米に出かけ、最新の処理施設を見学してどうしたら事業化できるか知恵を絞った。国の官僚や政治家とも親しく付き合い、社会の仕組みや制度がどう変わっていくのか、少しでも先をつかもうとした。そんな努力が高度成長の波に乗り、会社は成長を続けた。

いま、市川環境エンジニアリングの売上は七五億円、グループ会社を含めて約一五〇億円。処理業界では大手といえども、巨大企業が林立する動脈産業と比べたら平凡な中堅企業でしかない。しかし、この事業が静脈産業に果たす役割や、千葉県の協会や全国組織の連合会の会長となって静脈産業の顔として活躍する石井の存在が、この会社を何十倍もの規模であるかのように人々を錯覚させるのだった。

「この業界はもっと努力してレベルを上げ、全体の底上げをしていかなくてはならない。そうすることでごみ処理を委託する排出事業者と対等にやれるんだ」というのが石井の持論だった。

「家業から企業へ、そして資源循環産業へ」と、何十年も前から石井は業界の方向性を唱えてきた。石井は、中小零細業者が大半を占めるなか、ごみ処理を委託する排出事業者に低料金を押し付けられる上下関係に我慢がならなかった。正当な地位も与えられないまま過当競争に走り、理不尽な契約を結ばされる現実に憤った。

自社の利益追求にとらわれるのではなく、業界全体のことを考える石井は、連合会の会長に就任すると振興法制定の旗を掲げた。これによって動脈産業に比べて圧倒的に弱い静脈産業の処理業界の底上げにつながると考えた。政治家、官僚、処理業者、大手の排出事業者に人脈を張り巡らせ、それを実現しようと動いた。

石井は環境省の審議会の専門委員だけでなく、経産省の家電リサイクルの委員会の委員も務めていた。経団連を相手に物怖《ものお》じすることなくものをいう処理業界の代表者だった。教養に富み、温厚で、妥協もする石井を動脈産業の委員もむげには扱えなかった。

石井のリーダーシップは見事といってよい。

丸の内ビルの廃棄物処理の仕事

石井の残した事業のうち、特に重要なリサイクル業についてはおいおい述べるが、まずは東京駅の前にそびえる丸の内ビルディングに触れたい。石井にとって東京進出は長年の夢で、石井が目指した事業の特徴を示していると思えるからだ。

東京駅の丸の内中央口を出ると、目の前に丸の内ビルディングが屹立《きつりつ》している。二〇〇二年に建て替えられたこのビルは高さが一八〇メートル。まるで東京駅を見下ろしているようだ。敷地面積が一万平方メートル、延べ床面積が一五万九九〇〇平方メートルあり、地下四階、地上三七階建ての地下一階から地上六階までと三五、三六階の商業ゾーンには、多くの飲食店と物販店が出店している。

大正時代に建てられた八階建ての丸の内ビルヂングは、戦前のビルとしては東洋一の大きさを誇り、「東京行進曲」などの歌謡曲や小説の舞台にもなって、まさに丸の内のシンボルだった。その建て替えはずいぶん話題になり、三菱地所が所有する約三〇にのぼるビルの建て替えの第一号に選んだ記念碑的なものだった。そこでは、時代の移り変わりを反映し、大きさより環境にいかに優しいかがアピールされた。

ちょうど「ゼロエミッション」(埋め立て廃棄物ゼロ)という言葉が脚光を浴び、建設リサイクル法が制定されたばかりだった。施工主の三菱地所から発注された大林組は、工事で発生する廃棄物を現場で木くず、がれき、廃プラスチックなど一五種類に分け、中間処理業者に渡しリサイクルしてもらい、リサイクル率九七%を誇った。

この巨大ビルが吐き出す廃棄物を管理、処理しているのが市川環境エンジニアリングである。石井は若い頃、千葉県沿岸部にできた日本最大のテーマパークのごみ処理の契約を、大手企業を向こうに回して勝ち取ったことがあった。「こんなちっちゃな会社がどうして契約を取ったんだ」。幾つもの巨大企業が、石井の経営手腕に感心し、付き合いを始めた。そこに三菱グループもいた。

千葉県を舞台に次々とリサイクル事業の手を広げる一方、石井は東京進出の野心の炎を燃やした。といっても巨大な処理施設をつくるだけの資力はない。石井の東京進出とは都心部を中心としたビルの廃棄物管理の仕事を一手に引き受けるというものだ。一番先にこだわる石井が狙ったのが丸の内ビルディングだった。「昔から丸ビルと呼ばれ知名度が高い。ビルの中のビルだ。そして何より東京の玄関口にそびえているじゃないか。絶対に契約を勝ち取るんだ」。自らを奮い立たせ、社員にラッパを吹いた。

契約に成功して約一〇年がたち、市川環境エンジニアリングは、丸ビルなど都心の高層ビルをはじめ計一〇の大規模施設から出た廃棄物を管理している。

丸ビルの中に入ってみよう。地下にじん芥《かい》処理室があった。ざっと二〇メートル四方の部屋を見渡すと、段ボール、ビン、カン、食品廃棄物の袋などが品目ごとに分けられ、整然と置かれていた。まるで倉庫のようだ。テナントなどは毎日この部屋に廃棄物を運び込み、作業員が区分けした位置に置き直したり、選別したりしてパッカー車やトラックに引き渡す。飲食店の食品廃棄物が一日に二〇〇キロ持ち込まれているというのに生ごみ特有の臭いはしない。臭いがしないのは、腐敗が進まないように部屋の一角に設けられた保冷庫で保管しているからだ。部屋にはチリ一つ落ちていない。

持ち込まれた廃プラスチックは、計量器で重さを量り、一カ所に集めて市川環境の行徳工場（市川市）に運び、ＲＰＦ（固形燃料）を造る原料に使う。ペットボトルも行徳工場行きだ。

食品廃棄物は東京都大田区のスーパーエコタウンにある市川環境の子会社のバイオエナジーに運び、メタン発酵させて発電する。食品廃棄物は飼料化施設などにも運んでいる。古紙は新聞、雑誌、ＯＡごみ、二種類のミックス（雑紙）の五種に分け、ミックスを除く古紙は古紙業者に売っている。発泡スチロールはこの部屋にある処理機でインゴットを造り、売却している。こうしてビルから吐き出された廃棄物は、大半がリサイクル原料となり、埋め立て処分されるのはごくわずかだ。

三菱地所の関連会社がこれらのビル群を管理しているが、業務ごとに委託先を評価し、ランクをつけて改善を求めている。当初、業務に対する評価のランクはよくなかった。低迷が続けば契約が切られる可能性すらある。クレームがあった時の対応はどうか、作業員があいさつしているか、清掃は行き届いているか、リサイクル率を向上させる余地がないかなど、一つ一つを点検し、改善を重ねている。

三菱地所が約三〇あるビルの建て替えの一番手に丸ビルを選んだ時、石井はこの契約を勝ち取るために、リサイクルを前面に押し出した。高倍率の企画提案型の入札でものを言ったのは、市川環境エンジニアリングのリサイクル技術の高さだった。同社は、選別した廃棄物を別の業者に委託したらそれで終わりでなく、自社の工場も含め、できる限りリサイクルし、埋め立て量を減らす提案をした。いわゆるゼロエミッション化だ。

石井は、廃プラスチックは行徳工場で固形燃料ＲＰＦの原料に使えるし、食品廃棄物は横浜市にある飼料化施設で液体飼料にできるとアピールした。今は東京都のスーパーエコタウンに造ったメタン発酵施設に持ち込み、発電に利用している。廃棄物を燃やしたり、埋め立てたりせず、できる限り資源として利用し活用する。そんな石井の思いは丸ビルのじん芥処理室で働く社員らに息づいている。

石井は志半ばで病魔に侵され、二〇一八年二月急逝した。

その波乱の生涯をたどってみたい。

バキューム車

第一章
廃棄物の世界に出会う

亀場の邦夫君

おわい屋と呼ばれて

二〇一七年夏の日。千葉県市川市内のホテルで開かれた市川稲門会《とうもんかい》の集会で、石井邦夫は記念講演を行った。約一〇〇人の早稲田大学のOBたちを前に壇上に立った石井は、自分の生い立ちから語り出した。

「私の家は江戸川区でし尿《にょう》処理の収集業をしておりました。〝おわい屋〟と呼ばれていた仕事でして」。糸がピーンと張りつめたように、会場が静まりかえる。稲門会から講演を頼まれた石井は秘書が用意した会社紹介のパワーポイントも使わず、マイクを握りしめて一時間話し続けた。

幼い頃から父親が営む家業を見て育ったこと。早稲田大学に通いながらその仕事を手伝ったこと。卒業時に就職先が決まりながら、父に説得されて家業に携わることになったこと。最初は嫌だったが、やがて転機が訪れこの仕事にのめり込むようになったこと――。

市川市のアパートの一室を借り、下水道が通っていない家庭や事業所に設置された浄化槽の清掃からスタートした会社は、石井の手腕で一般廃棄物の収集・運搬から産業廃棄物の収集・運搬、中間処理へと手を広げ、急成長した。やがて日本を代表する処理会社の一つになった。また産業廃棄物の処理業者を束ねる全国組織の会長になり、国や自治体に業界の実情を伝えながら政策提言を行っている。

こんな半世紀に及ぶ歩みを語る石井の話は、聴衆に染み通っていった。

それにしても、「おわい屋と呼ばれていました」と自分の出自を隠さず語ったことに、石井の秘書役は「こんなことを明かしたのは初めてだ」と内心驚いた。客席で聞いていた石井の知人も同じだったが、「名声も地位もある人だからこそ、それを隠すことなく自信を持って言ったのだろう」と感心した。「いいお話でした」「石井さんの人柄がよく伝わりました」。講演が終わると何人かが石井に近づき感想を述べた。いつもの人なつっこい笑顔で石井は応じた。

石井は忙しい。会社の創業時から手帳にスケジュールを書き付け、自分で管理している。秘書が把握していない行動も多く、秘書泣かせである。石井が残した手帳を見ると、どこもスケジュールで真っ黒である。この日も朝、都心のマンションから市川市内にある本社に出社した石井は、パソコンでメールなどをチェックし、幹部社員らと打ち合わせたあと講演会場に駆けつけた。石井は自宅で夕食をとらない。必ずといっていいほど人と会食している。人脈を広げるためと自分に課してきた。公的な役職をいくつも持ち、その行事をこなすだけでも大変である。

その頃石井は皮膚が赤くはれる症状に悩まされていた。自分でひっかいて傷つけないように白の手袋をしていたが、この日はなかった。その年の暮、慈恵会医科大学附属病院を受診し、悪性リンパ腫であることがわかり緊急入院しているが、その二週間前にも千葉商科大学に赴き、一般企業人向けのセミナーに講師として六〇人の市民や経営者に講義をした。この時は秘書のパワーポイントを使い、会社の歩みと資源循環社会について話した。そこでも自分の生い立ちを語った邦夫は、予期するものを感じていたのだろうか……。

始まりは戦後、父が開業した個人商店

東京都江戸川区篠崎町。都営地下鉄新宿線の新宿駅から千葉方向に地下鉄に乗り、篠崎駅で下車する。大通りを北に三〇〇メートルほど進んだところに京葉興業の本社ビルがある。いまではその面影はないが、石井邦夫の父であり京葉興業創業者、鈴木峯吉の邸宅がかつてあった。門構えが大きく二階建ての豪邸で、隣に会社の事務所があった。ひっきりなしにバキュームカーが出入りしていたという。

邦夫は一九四七年三月、峯吉と妻てつとの間に生まれた。姉二人、兄四人の七人兄弟の末っ子だった。鈴木家は江戸時代から代々続く農家だったが、三反《たん》（三〇アール）ほどの畑ではと

ても食べていけない。親戚で、市川環境エンジニアリングの副社長の岩楯保が峯吉を語る。
「峯吉さんは徴兵されて戦争中は満州にいました。敗戦で復員すると、農家がつくった野菜を闇市に卸す仕事を始めるようになりました。やがて第三東海というし尿の回収を行う大手業者のもとで働くようになり、その後、独立して鈴木商店を名乗ったと聞きました」。それがいまの京葉興業の出発点なのだという。

江戸時代から、し尿は肥料としての価値が高く商品として売買されていた。民間のくみ取り業者が都市部で買いつけ、船や馬車、手押し車などで輸送し近郊の農村に運んでいた。市況の変化もあり、一九一九年から都心部で料金徴収が始まった。東京市は汚物掃除法（一九〇〇年制定）のもと、直営で家庭ごみの収集と処分を行っていたが、し尿は民間業者の手の届かない地域では自ら回収していた。

敗戦による混乱のあと、戦時中に発足していた東京都はごみ収集を再開した。作業員が大八《だいはち》車《ぐるま》を引き、鈴を鳴らすと各家庭がごみを持って集まった。その頃、し尿の回収業者たちで業界団体をつくる動きが高まり東京清掃協会（現東京環境保全協会）が結成された。運搬用の車に運転手をつけて都に提供する請負業務が都と結ばれた。協会の会長に選ばれた第三東海の社長宇田川棲は業界の実力者で、「宇田川天皇」とも呼ばれ、国や都からも一目置かれる存在だった。

邦夫の甥《おい》っ子にあたり、市川環境副社長の岩楯保によると、峯吉はある業者の口添えで、第三東海で働くようになった。仕事を覚えると独立し個人商店をつくり、江戸川区でし尿の回収業を始めた。邦夫の兄である次男の彰二は中学卒業後しばらくしてから家業に携わり、さらに彰二の弟も加わった。リヤカーや手押し車に桶を積み、都内の住宅街を回る仕事は重労働だった。

邦夫が講演で語った「おわい屋」という名称は、その昔「下掃除屋」と呼ばれる近郊農民が肥桶《こえおけ》をかついで「オーアイ、オーアイ」と叫んで歩いたことに由来するといわれる。あるいは売買の許可にあたる「御間」を意味するとも「汚穢」を意味するともいわれ、今では使われていない。邦夫が小学生の頃、家業のことをこう説明していたと同窓生は語る。「邦夫君は、『僕の家はおわい屋なんだ。でもほかのおわい屋とちょっと違うんだ。宮内庁の仕事もしてるんだよ』と、ちょっと自慢げに語っていました」。

宮内庁の仕事というのは、当時、皇居から出る廃棄物などの処理を指す。もっぱら宇田川棲がその仕事を受けていたといわれるが、宇田川のもとで働いたことのある峯吉も宇田川の信頼を得てその仕事の一部を担っていたようだ。並の回収業者にはとても手を出すことができない特権だったようだ。

力をつけ、事業を拡大

個人商店を営んでいた峯吉は、一九六四年七月に株式会社京葉興業を設立した。東京オリンピックの開幕が間近に迫っていた。その頃には不衛生で効率の悪いリヤカーと桶による回収は姿を消し、バキュームカーがとって代わっていた。これによって作業員の労力は大幅に軽減され、さらに脱臭装置がつけられたことで臭いの問題もかなり解決されていた。

都は協会に加盟する回収業者と契約を結び、運転手とバキュームカーの提供を受け、都の作業員が乗り込み、回収作業を行っていた。人口の急増とともに各社は競うように車の台数を増やし事業を拡大した。それとともに、家庭ごみの収集・運搬の仕事も同様の方式となっていった。

この流れに乗ったのが峯吉の会社だった。次男の彰二は口べただが負けん気が強い。同業他社の仕事を奪ったとして他の業者とけんかになり、肋骨《ろっこつ》を折ったこともある。社長の峯吉は仕事に厳しかったが、情が厚く、情をもって人に接することの大切さを語っていた。

近所の女性がこんな体験を語る。女性が小学生の頃、峯吉に「私の尊敬する人はおじさんだよ」と言ったことがあった。「なんで？」と聞かれ、「裸一貫でくみ取りを始め、こんなに大きな会社にして、それでも高ぶらない。気さくで声をかけてくれるから」と言った。峯吉は「たいしたことないよ」と照れ笑いをしたという。

正月になると、峯吉は幹部社員、運転手、作業員におかまいなく声をかけ、自宅に招くと、日本酒とおせち料理をふるまった。元社員は「峯吉さんから『ちょっと寄ってきな』と呼ばれ、日本酒をいただいたことがしばしばあった。豪邸の玄関の土間には、苦しかった頃を忘れないためなのか、黒光りする柄杓《ひしゃく》が置かれていた」と話す。邦夫はこの頃はまだ学生だ。

家庭ごみなど一般廃棄物を扱う業者で構成される東京環境保全協会の『五十年の歩み』によると、一九七〇年当時、京葉興業はし尿回収とごみ収集の二つに携わり、一五台のバキュームカーと二台のごみ収集車を保有していた。庸上《ようじょう》と呼ばれる車と運転手を都に提供する会社は五六社あり、他の業者が二三区のし尿とごみ収集に参入することはできなかった。現在もこれらの業者でつくる団体が二三区の家庭ごみの収集・運搬の業務を独占している。

ところで、家庭ごみは汚物掃除法のもとで個人と自治体に掃除義務が負わされ、やがて自治体の直営で行われるようになった。一九五四年に清掃法が制定され、国が自治体に財政的援助をする仕組みができた。

やがて峯吉は会長になって一線を退き、彰二が社長に就任した。一六歳からこの仕事に携わってきた彰二は、業界誌に当時を回顧した一文を寄せている。

「家業に携わって以来、一貫して私は廃棄物に係わってきた。当時は産廃《さんぱい》という言葉はなく、私の扱うものも人間の生活から発生するものが中心だった。民家を廻って、手数料を貰《もら》いし尿を集め、農家へ肥料として売った。当時の宮内庁の馬場で始末に困っていた馬糞も良質の肥料として売れた。霞が関の庁舎の暖房設備から出る炭ガラを埋め立て用材として扱ったこともある。昭和三〇年代の後半から、東京都の清掃事業の一部を請け負い、東京オリンピックの開催の年に京葉興業を設立した。その後、二三区の廃棄物量が急増すると会社の運搬車両も増えた。この頃は好景気ブームの初頭で、乗務員の採用確保に苦労した。夕張炭坑に余剰人員が出たと聞けば、北海道まで求人活動に出かけた」（いんだすと　1989年7月号　全国産業資源循環連合会）。

川崎市の職員が開発したバキュームカー

手押し車やリヤカーに桶を積んで、柄杓で家庭の便槽からくみ取る。この作業は不衛生で非能率的で、大変な重労働を伴った。そんな峯吉や彰二たちの労働環境を一変させたのがバキュームカーであった。後に石井が興した会社も、家庭にある浄化槽から汚泥を回収するのにバキュームカーはなくてはならない存在だった。その由来に触れてみよう。

川崎市役所元助役の工藤庄八が『私の清掃史　清掃事業の近代化にかけて』で、このバキュームカーの誕生の秘密を明かしている。工藤は戦後間もなく市役所職員となり、清掃部門を歩み、清掃局長として日本のごみ処理行政に貢献した人である。

一九五〇年代にバキュームカーの開発に乗り出したのは政府の資源調査会だった。能率的なし尿処理を目指し、メーカーにバキュームカーを造らせ、自治体に採用させようと考えた。しかし、設計段階で東京都から「海のものとも山のものともつかないものはダメだ」と断られた。

設計図では馬力のないオート三輪車が大きなバキュームカーを引っ張る構造で、家庭の便槽からくみ取るホースは丸太のように太く、長さは一・八メートルしかなかった。清掃の現場を知る工藤が「これでは使い物にならない」と資源調査会の委員会で指摘したが、現場を知らない委員らは聞き入れない。結局、完成したバキュームカーはどの自治体でも使われることがなかった。

代わって開発に乗り出したのが工藤だった。工藤は特殊加装メーカーを探し出し、トヨタ自動車の一トン車の荷台にタンクを設置するよう依頼した。ホースは太さ五センチ、長さ一五メートルとし、タンクの鉄板を薄くし、車体の軽量化を図った。

五一年秋に完成したバキュームカーは使い勝手が良く、職員の評判も良い。全国の自治体の関心を呼んだ。「これを全国に広めたい」と考えた工藤は特許申請をしなかった。これによって多くの業者や自治体がバキュームカーの開発と採用に乗り出した。峯吉もこれに飛びつき、台数を増やしては回収地域を広げていった。そしてこれが会社を発展させることになる。

裕福な家庭に育つ

邦夫が生まれ育った江戸川区は荒川と旧江戸川に挟まれた地域で東京湾に面している。昔から海の埋め立てによって区域を広げてきた。元々農業の盛んな地域だったが都市化が進み、今はその面影はない。京葉興業本社のある篠崎町は江戸川区の東端にあり江戸川に接している。商業ビルとマンションが林立し、当時の面影はほとんど消えてしまっているが、邦夫の学友たちの話から当時を再現してみたい。

会社が急成長のカーブを描き、仕事場に社員たちの威勢の良い声がはじけていた頃、邦夫は自宅から二キロ離れた篠崎小学校に通った。貧しくて粗末な服を着ている子が大勢いる中、邦夫はいつもこざっぱりした格好で通学していた。クラス委員に選ばれ、同級生が学校を休むと、給食のコッペパンをその子の家に届けるのが邦夫の役割だった。鈴木家の屋号の「亀場」をもとに、級友たちは邦夫を「亀場の邦夫君」と呼んでいた。

卒業後に進んだ篠崎中学は、テストのたびに成績の順位表を廊下に貼り出す学校だった。ある学友は、「中間テストのあと、廊下に長い紙が貼り出されました。テストの成績順に、点数と名前が書かれていて、邦夫君はいつも五番以内。スポーツもできて、足も速い。運動会では賞を取っていたから、女の子にもてた」と語る。

邦夫は自宅から自転車で通える都立江戸川高校に進むと、柔道部に所属し大学進学を目指した。高校を出たら働けというのが鈴木家の方針だった。それに従い、邦夫の兄や姉は中学や高校を卒業すると家業を手伝ったり就職したりした。しかし、邦夫は違った。峯吉に直談判し許しを得ると、早稲田大学を受験し現役で教育学部に合格した。一九六五年のことである。

アメリカンフットボール

米式蹴球部に入部

早稲田大学に入学した邦夫は、まもなく米式蹴球《しゅうきゅう》部に入部することになった。

米式蹴球というのはアメリカンフットボールのことだ。部を創設した二年後の一九三六年に早稲田大学米式蹴球部を名乗り、ビッグベアーズの愛称でも知られる。強豪校として知られ、現在、部員数は二〇〇人近くで、うち未経験者が四割にのぼるというのも特徴だ。

「なぜ、アメリカンフットボールをやることになったのか」と私が聞いた時、石井は「高校では柔道をしていたが、大学に入ったら大きな体を生かしたいと思った。それがアメリカンフットボール。でも大変だった」と話してくれたことがある。

身長は一八〇センチ、体重も九〇キロはあったから、その体を見た部員に誘われたのかもしれない。その年に入部した中で体は一番大きかった。ラインという最前線のポジションで、サッカーでフォワードにあたる。ラインが押して、後列の選手がボールを回す。ラインは足の速さはあまり関係なく、力強さが求められた。邦夫にうってつけのポジションだったが、入部した部員の過半数が高校でアメリカンフットボールを経験していた。初めての経験に、邦夫はコーチの指示を受けて防具をつけずにひたすら走り、筋力トレーニングに精を出していた。

八月になると、福島県二本松市で二週間の夏合宿である。邦夫は防具をつけて上級生と同じメニューをこなすことを求められた。元々高校時代からアメフトで鳴らしていた部員たちは夜間学部の学生を中心に半分ぐらいいて、彼らに追いつくのは大変だった。邦夫はひいひい言いながら、集団の後ろを走り続けた。

だが、ついていくのが大変な状況は変わらなかった。何しろ同学年の部員一五人のうち、一〇〇mを一一秒台で走れる部員が七人もいた。

その頃、多くの学生は学業よりもアルバイトに精を出した。当時、大学生のバイトは一日二〇〇〇円が相場だった。邦夫の一年後輩の森島進は酒屋でアルバイトし、ビールケースを三つ重ねて、階段を駆け上がっていた。ある時、森島が「俺、五〇〇〇円も稼いでいます」と自慢すると、邦夫が言った。「俺なんか、一万円だぜ。バキュームカーの運転手してるんだ」。森島は言う。「当時のアメフト部は上級生が下級生をいじめることがままあった。僕も随分やられた。でも邦夫先輩はそうしたことがなく、温かく接してくれた」。

家業の手伝いで退部

そんな邦夫だったが、二年の夏に入るころ、ぷっつり姿を見せなくなった。当時は、退部の届け出をする必要がなく、一人、また一人と抜けていくのが当然のように扱われていた。このため、邦夫の名前は米式蹴球部のOBのリストにはなかった。

邦夫が姿を見せなくなった後、森島は大学の構内でばったり顔を合わせたことがある。「どうしたんですか？」。そう尋ねる森島に、邦夫が申し訳なさそうに言った。「実は家業の手伝いで忙しく、部活の時間がとれないんだよ」。

たった一年だったが、邦夫はアメフトのことが忘れられなかった。何十年もたって、邦夫は二本松市のグラウンドがあった所に何回も足をのばしている。近くに温泉があり、旅館もある。

ある時、遠い縁戚関係の福島県の廃棄物処理業者を訪ねた。突然の来訪に「どうしたんです」と聞かれると、「これから二本松市に行くんだ。大学時代にアメフトの合宿をそこで行ったことがあるので」と、懐かしそうに答えた。突然の来訪はその後も何回か続いたという。

「りっぱな体格ですね」。後に市川環境エンジニアリングの経営者としてセールスをすると、相手はその巨漢ぶりに少したじろぐ。「失礼ですが、相撲部にでも」と言われると、邦夫は、「いや、大学の時にアメリカンフットボールをやっていたんです」と、照れながら答えるのが常だった。忘れられない青春の日々がよみがえる。

だが、途中でやめてしまっているので、早稲田の米式蹴球部の名簿には記載がない。忸怩《じくじ》たる思いだった。それを知った後輩が、ＯＢ会長をしていた森島に相談した。「何とかＯＢとして認めてあげられないだろうか」。森島には、ふうふう言いながら、みんなの後を走っていた邦夫の姿が、そして後輩を気にかける邦夫の言葉が思い出された。「じゃあ、ＯＢ会の役員たちを説得して回ります」。気のいい森島はＯＢたちを次々と説得し、ＯＢ会への登録を取り付けた。感激した邦夫は、きっぷよく、後輩たちが練習するグラウンドの整備のための基金に寄付金をはずみ、森島を喜ばせたのだった。

父の会社と米国視察

大手広告会社に内定したが

一九六九年春、大学卒業を迎えた邦夫は頭を抱えていた。大手の広告会社を志望していた邦夫は、筆記試験、面接試験と順調に通り、内定をもらっていた。さあこれから広告マンとしてスタートを切るんだと夢を膨らませていた。

ところが卒業間近になって父の峯吉からこんな提案を受けた。「実は人手が足りなくなって困っているんだ。しばらくの間でいいから手伝ってくれないか」。この頃鈴木商店は株式会社京葉興業に衣替えし、数十台のバキューム車とパッカー車を保有し、一〇〇人近くの従業員を抱えていた。家庭ごみの収集の比率が徐々に高まっていたとはいえ、なお経営の屋台骨をし尿の回収作業に頼っていた。

邦夫は、学生時代に峯吉の会社でアルバイトをしていたが、峯吉に命じられ宇田川棲の「書生」となっていた時期があるという。宇田川は日本清掃協会（現日本環境保全協会）と東京清掃協会（現東京環境保全協会）の会長で、し尿回収とごみ収集の最大手の一つ第三東海の社長だった。邦夫は生前多くを語ることがなかったが、会長として業界を仕切り、政治力のあった宇田川から多くのことを学んだようだ。

邦夫の兄たちがそうであったように、邦夫にも卒業後は京葉興業に入社して会社を担ってもらいたいと峯吉は考えていた。しかし、邦夫はそれに従う気がなかった。広告マンという華やかな仕事に邦夫はあこがれていた。なぜ広告会社を望んだのかと尋ねた私に、真っ先に邦夫の口から出たのは、「大学を出たら背広を着る仕事がしたかった」という言葉だった。

この頃の都内のごみ収集とし尿回収は、運転手と車を都の清掃局に提供し、車に都の職員が乗り込み、回収作業をしていた。し尿の回収は家庭から料金を徴収し、職員が公金としてお金を受け取っていた。ところが六七年に都知事に就任した美濃部亮吉が、し尿のくみ取り料金の無料化を打ち出した。革新自治体の星として掲げた公共事業の凍結、老人医療の無料化、公営ギャンブル廃止といった一連の改革の一つだった。都議会で野党だった自民党の議員たちも賛成し、六九年四月から無料回収に切り替わることになった。

しかしこの無料回収が業界に大きな波紋を投げかけることになった。

邦夫はこの経緯について私に詳しく語っている。

「今では信じられないことだけど、当時は、各家庭からチップをもらっていたんだ。僕も、学生時代に京葉興業のバキューム車を運転していたけれど、八〇〇円の料金を徴収する際、一〇〇〇円札のおつりの二〇〇〇円分をチップとして僕らにくれる家庭もあったんだ。『人が嫌がる大変な仕事だから』と、善意からだと思う。一日三〇軒ぐらい回ると、僕の取り分だけで一〇〇〇円から一五〇〇〇円になった。運転手は給与と同じぐらいの収入を得ていたわけだ。ところが、無料になればチップもなくなるはずだ。当時三〇人いた社員のうち一〇人ほどが辞めてしまった」。

邦夫によれば、「チップをはずんでくれるからこの仕事に就いていたんだ。給料だけでこんな仕事はやれない」というのが彼らの理由だった。当時京葉興業の運転手をしているのは近隣農家の子弟と決まっていたが、人手が足りなくなり、北海道夕張炭坑の離職者をスカウトするなど、従業員の確保に四苦八苦していた。

このチップの慣習は他の自治体でも同じように存在した。実は多くの自治体では無料化になってからもかなり長期にわたってこの慣習が続いた。公務員で作業に携わる職員もチップを受け取っており、この問題は公務員批判の高まる八〇年代まで尾を引くことになる。

峯吉から懇願された邦夫は、しばらくの間手伝い、めどがついたら広告会社に入社することにした。峯吉に約束してもらうと手伝いを始めた。担当は配車の仕事だった。バキューム車とパッカー車の経路とスケジュールを管理するのが役目だが、人手が足りないので、邦夫は自ら運転して回収作業を行うことも多かった。

何カ月かたつと邦夫は有力な戦力となり、広告会社に入るという話はいつのまにか立ち消えとなってしまった。しかし、邦夫には、いくら家業とは言え、その仕事に就かねばならないことへの不満があった。俺は一体何をやってるんだという気持ちにさいなまれた。自分の仕事に誇りを持つことができなかったのである。

しかし、そんなもやもやした気持ちが、一気に晴れる日がやってきた。

米国視察で開眼

「俺の代わりにアメリカへ行ってこい」。峯吉からそう言われた邦夫は驚いた。一九七一年夏のことだ。峯吉は東京の一般廃棄物とし尿処理の業者らでつくる東京清掃協会の三役をしていた。この秋に東京清掃協会をはじめ地方の協会の上部団体である日本清掃協会が米国に廃棄物処理の視察団を送ることになり、峯吉も東京の協会を代表して参加する予定だった。

しかし、峯吉はその役目を邦夫に託した。実は峯吉はその数年前に業界の仲間と米国の処理業界を視察し、そのスケールの大きさに圧倒された。希望した広告会社への就職の道を絶たれ、家業に今ひとつ身が入らない邦夫の姿を峯吉は心配した。そこで米国の視察旅行によって息子が変わるきっかけになればと考えたのかもしれない。

視察団を送った協会は千代田区の九段下に本部がある。三一都道府県に下部組織の三二の協会を持ち、一般廃棄物を行う事業者が加盟している。協会を訪ね当時の記録を探してもらうと、その記録が見つかった。米国視察団は総勢九人で、九月九日から二四日までの予定で米国内の七都市を視察していた。九人のうち七人は日本清掃協会の役員ら業界の七人で、そこに京葉興業、鈴木邦夫の名前があった。鈴木とあるのは結婚して石井姓になる前だからだ。残りの二人は福岡県北九州市と埼玉県与野市（現さいたま市）の市職員だった。七人は邦夫を除くとみな峯吉と同年配で、大学を卒業して二年にしかならない邦夫の参加は異例だった。

九月九日、羽田を飛び立った視察団は、ニューヨーク、シカゴ、ロサンゼルス、サンフランシスコなど七都市を駆け足で巡った。主催が一般廃棄物を扱う協会ということもあって、視察の対象は、家庭から出たごみ、いわゆる都市ごみの収集と処理施設だった。

ニューヨーク市内で廃棄物の収集と処理の様子を見た邦夫は度肝を抜かれた。大型の清掃車が次々と廃棄物を回収し、それを大型の処理施設に持ち込む。焼却炉を備えた処理施設はまるで巨大な工場だった。ロサンゼルスでは巨大な廃棄物の集積場があり、そこで大型トレーラーに積み替えていた。サンフランシスコでは、サンセットスカベンジャーとゴールデンデスポンスという大手処理会社二社が収集した廃棄物を砂漠に埋め立て処分していた。企業化され機械で大規模に行う米国大都市の廃棄物処理は、家族経営で人海戦術に頼る日本とはまるで違っていた。

その時のことになると邦夫は饒舌《じょうぜつ》になる。いま見てきたように早口で私に語る。「驚いたのは、機械化が進み、ごみの収集と処理が企業化されていたことだった。もっと驚かされたのはそこで働く労働者が『ガベッジマン』と呼ばれ、誇りを持って働いていたことだった。イタリア移民だった人たちが中心になってユニオンをつくり、清掃労働に従事していた。給与もよかった。子どもたちに質問する機会があったので、『将来、どんな仕事に就きたいか』と尋ねると、『僕はガベッジマンになりたい』と言う子が幾人もいたんだ」。

当時廃棄物処理の仕方を学ぶために自治体の職員も欧米を視察していた。東京都清掃局の職員は、邦夫がニューヨークを訪ねる五カ月前、市の施設を視察して回っていた。同市で開催された「東京・ニューヨーク公害シンポジウム」への出席を兼ねての視察で、「廃棄物の処理の仕方いかんで公害につながる」との問題意識からだった。

この職員が見たニューヨークはこんなふうだった。四トン車と六トン車を使った作業員は二交代制で給与もよく、空いた時間の副業も自由である。二〇年働くと退職して避暑地に別荘を持てるだけの余裕があった。昇級試験に受かると作業員から幹部の道が開け、さらに清掃局長にもなれる。四〇〇〇台の車両と五〇隻の運搬船、コンテナによる廃棄物輸送による省力化と効率化が実現されていた。しかし、それでも増え続ける廃棄物に焼却施設が追いつかず、市の幹部は頭を痛めていた。

職員は、東京同様にごみ処理に悩む実態を伝えながらも、恵まれた労働環境をうらやましがった。「このように非常に魅力ある職場であるために、一般に労働力不足の現在でも清掃の現業には応募者が殺到するということです」（ニューヨークの清掃事業　都市清掃　1971　全国都市清掃会議）。

米国EPA（環境保護庁）によると、七〇年の米国の都市廃棄物（日本の一般廃棄物にあたる）の排出量は一・二億トン。人口一人、一日当たり約一五〇〇グラムで、同時期の日本の約九〇〇グラムの一・六倍になる。当時は固形廃棄物の収集、処理については個々の州が州法で定めていたが、七〇年にニクソン大統領は教書を発表し、廃棄物の海洋投棄の禁止を打ち出し、廃棄物政策の大きな転換を求めた。さらに七六年に連邦政府が資源保護回復法（ＲＣＲＡ）を制定した。国民の健康と環境への影響の除去と貴重な資源やエネルギー資源の保全を目標に、廃棄物政策は大きく進むことになる。

一方の日本といえば、七〇年の廃棄物の発生量二八〇〇万トンのうち焼却処分に回るのは半分程度しかなく、東京都をはじめ多くの自治体では、腐敗しやすい生ごみすら最終処分場に直行していた。し尿処理も肝心の下水道がなかなか普及せず、処理施設の不足から海洋汚染につながる海洋投棄や、衛生面で問題のある農村での利用が平気で行われていた。

機械化の進んだ米国と立ち遅れた日本との落差を邦夫は実感した。

公務員に廃棄物処理法について習う

その旅行中、邦夫は同室になった公務員からこんなことを教えられた。日本に比べて、機械化が進んだ米国の廃棄物処理業界はすごい。でも、日本も将来は米国のようになれる。廃棄物処理法が制定されたから、処理業が育ち、米国を追いかけることになるのだと――。

それまで日本の廃棄物処理の方法を定めていた清掃法（一九五四年制定）は、家庭から出たチリやじん芥の収集と処理を自治体の義務としていたが、工場や事業所の出す大量の廃棄物（後に産業廃棄物と命名される）は対象外で、法律の規制もないため、あちこちに投棄され、公害問題を起こしていた。さらに家庭ごみに混じる廃プラスチックが増加し、ごみ質の変化に自治体のごみ処理が追いつかない事態になっていた。

そこで一九七〇年に廃棄物処理法（正式名称は廃棄物の処理及び清掃に関する法律）が制定され、新たに産業廃棄物が規定され、工場などの排出事業者に処理責任を求めた。この法律の制定によって邦夫を取り巻く世界は大きく変わろうとしていた。

米国の視察と公務員との語らいが邦夫を大きく変えた。邦夫は私に言った。「新しい現実に触れたことで、廃棄物に対する考え方が一変した。廃棄物の世界は、業者も国も自治体もこれから大きく変わる。そして、やがてアメリカのようになる。何よりも誇りを持って働くことのできる仕事だと感じた」。

　それまでは、迷惑でじゃまなごみをどこか人の見えないところに運んでくれるのがごみ処理業者の仕事だと思われていた。し尿やごみを扱う人々に対する社会の偏見は強く、邦夫もそれを強く感じていた。しかし、そんな日陰の存在ではない。それどころか人々の生活と経済社会を支える重要な仕事であり、社会から尊敬される存在である。そのことを知った邦夫の廃棄物を見る目は一八〇度変わった。石井は「ネガティブからポジティブへの変換」と言う。

　帰国すると、峯吉や彰二に視察した内容を報告した。その頃峯吉らは千葉県の市川市に新会社をつくる準備を進めており、邦夫が帰国して一週間後に「市川清掃センター」が設立された。峯吉らは最初は京葉興業の支店を出そうとしたが、市長が難色を示した。地元業者でないと困るというのだ。廃棄物の収集・運搬や処理・処分業を営むためには、その市町村の許可がないと営業できない。そこで市川市に本社を置く会社を設立することになった。それなら許可してもらえるからだ。

　一九七一年一〇月一日、市川清掃センターが誕生した。二三歳の邦夫にいきなり社長というのは難しいので、京葉興業で働いていた都庁ＯＢの永妻徳好を社長に据えることにした。設立したといっても登記しただけで、法律が施行されてまだ間もなかったため、実際に新会社が動き始めるのは翌年になってからだった。七二年秋、江戸川に架かる市川橋を渡りきったところにある二階建ての小さな木造モルタルのアパートの一室に、「市川清掃センター」と書かれた木の看板が掲げられた。

この時社長は兄の彰二になっているが、実際に会社を切り回すのは取締役の邦夫の役目である。市川清掃センターの目的は市の家庭ごみの収集・運搬だけでなく、産業廃棄物の収集・運搬と処理もあった。

邦夫は将来の夢を温めてはいたが、まずは京葉興業の主要な事業だった家庭に設置された浄化槽の清掃と汚泥の回収の仕事から始めることにした。施設整備のために巨額の予算と時間のかかる下水道に比べて、浄化槽はし尿を微生物の働きで分解して浄化し、溜まった汚泥を回収し自治体の処理施設で処理する仕組みだ。国は下水道のない地域で浄化槽の普及に努め、設置された数は、一九六五年の四一万九〇〇〇から七〇年には七一万二〇〇〇に増えていた。

産業廃棄物と公害問題

産業廃棄物処理業者の存在が認められた

邦夫のような産業廃棄物の処理業者は、廃棄物処理法で事業活動に様々な規制がかけられている。たった三〇条からなる簡素な法律だが、邦夫はそれまでほとんど関心を持って読んだことがなかった。しかし、法律が制定された翌年、米国への視察旅行で一緒の部屋になった公務員から「この法律のもとで日本も米国のようになるのだ」と言われたことがきっかけで、帰国すると真剣に法律を読んだ。

廃棄物処理法の第一条に法律の目的が書かれていた。「この法律は、廃棄物を適正に処理し、及び生活環境を清潔にすることにより、生活環境の保全及び公衆衛生の向上を図ることを目的とする」。そして、事業活動から出た廃棄物を「産業廃棄物」、それ以外の家庭や商店から出た廃棄物を「一般廃棄物」と定義づけていた。産業廃棄物は排出した事業者が自らの責任で処理する必要があるが、それを収集・運搬したり処理・処分したりする業者に委託することができるとしていた。

ここに初めて産業廃棄物処理業者が法律に位置づけられることになった。業として事業を行い、収集運搬や処理施設の設置には、それぞれ個別に都道府県の許可を取らねばならなくなった。家庭ごみはこれまでの清掃法に定められていた通り、市町村の責任で収集と処理・処分を行うが、処理業者が自治体から委託されて収集運搬などの業務も行える。邦夫の父が経営する京葉興業もその一つである。

そこで簡単ではあるが、この法律がどうしてできたのか、どんな問題を抱えていたのかを説明しよう。なぜならこの法律がその後の邦夫の人生に最も大きな影響を与えたからである。

一九七〇年の公害国会で制定された廃棄物処理法

時は六〇年代後半。全国の自治体は増え続ける廃棄物とその処理に頭を痛めていた。家庭から出る廃棄物は市町村が収集から処理・処分していたが、焼却施設や処分場の確保が追いつかなかった。さらに追い打ちをかけたのが、工場や事業所から出た大量の廃棄物だった。横行する野焼きや不法投棄を取り締まる法律がなく、対策を急がないと大変なことになる。

まず、大阪府が廃棄物の排出量の総量を把握するために学者を集め、排出量の把握に動いた。その報告書がまとまると、それに刺激を受けた公益財団法人日本都市センターが、「清掃事業近代化研究委員会」を発足させ、廃棄物の処理方法を検討し、提言をまとめた。自然の浄化力を使い、海洋や土壌に戻す「自然還元」を唱えたのが特徴である。

これを受ける形で厚生省（現厚生労働省、廃棄物部門は環境省に統合）は生活環境審議会で審議を始め、七〇年七月に一次答申をまとめた。法律の素案にあたるものだ。下水処理施設など都市施設から出た廃棄物を都市廃棄物（後に名称を一般廃棄物に変更）、事業者の産業活動から出る廃棄物を産業廃棄物と名付け、廃棄物を排出する事業者が責任を持って処分し、自治体は処理施設を整備して支援する仕組みを提言していた。

これとは別に科学技術庁も資源調査会で廃棄物を資源として活用する観点から検討を行い、報告書をまとめた。リサイクルの原点といってもよい。これを参考にしたのが通産省で、産業構造審議会で七〇年六月に同趣旨の報告書をまとめた。

厚生省の官僚たちは、答申が出てもすぐに法改正しようとは考えていなかった。不足していた処理施設を公的関与で増やすことが先だと考えていたようである。

ところが事態が急変した。佐藤栄作首相が、一九七〇年暮れに臨時国会を開き、公害関連法を一挙に制定することを決断したのである。全国で工場の排煙による大気汚染や工場廃水による水質汚染が激化し、水俣病患者や四日市ぜんそく患者に代表される公害被害者は苦しんだ。日本列島は公害反対運動の嵐が吹き荒れていた。既存の法律では工場から出た煙や廃水を取り締まることはできず、そのための法整備が急がれた。こうして七〇年暮に開かれた臨時国会は、内閣が提案した水質汚濁防止法など公害関連の一四法案に特化して審議されたため「公害国会」と呼ばれる。

佐藤栄作首相は一四法案を一気に通し、公害を克服するとの強い姿勢を見せた。そして翌年七月には公害行政の担い手として環境庁を設置した。一四法の一つ、廃棄物処理法は他の公害関連法とは異質だった。例えば水質汚濁防止法は有害物質の種類ごとに排水基準を決め、事業者に守らせる規制法で、環境庁が規制行政を進める上での「武器」となった。しかし、廃棄物処理法は、廃棄物を適正に処理しないと公害を引き起こすために様々な規制が定められてはいるが、処理業に法的位置づけを与え、許認可制にしたところは建設業法のような業法、処理施設の整備を定めたところは下水道法や水道法のような施設整備法の側面も持っていた。

一般廃棄物と産業廃棄物に分けられたあとの新たな問題

この法律で一般廃棄物の処理責任は市町村、産業廃棄物の処理責任は排出事業者と、役割分担を明確にしたことで、廃棄物の処理はスムーズに進むはずだった。産業廃棄物の排出者である大企業は、資金力があるので自前で処理施設を造ることができた。しかし、余裕のない中小・零細企業は処理業者に委託するしかない。民間業者による処理施設や最終処分場の数は少なく、収集・運搬を委託された業者は廃棄物の搬入先を見つけるのに四苦八苦した。

一方、産業廃棄物という新しいビジネスを求めて多数の人々が参入した。特に収集・運搬業はダンプカーが一台あれば許可がとれることから殺到した。やがて仕事をもらうためにダンピングを行い、この料金ではとても処理できないという低額で委託を受ける業者が続出するようになった。それを助長したのが、安ければどんな処理業者でもよいという工場や建設会社など排出事業者の安易な姿勢であった。さらに無許可業者も多数存在し、法律ができたにもかかわらず、不法投棄や野焼きが一向におさまる気配はなかった。

市町村も偉そうなことは言えない。増え続ける家庭ごみを、既存の処理施設で処理できず、こっそり不適正処理や不法投棄を行っていた自治体も少なくなかった。ある県のＯＢに言わせると、「産業廃棄物の不法投棄をとがめられた業者は『役所は正々堂々とやってるじゃないか』と居直った。無法と違法が大手を振って歩いていた」のである。

都庁ＯＢで廃棄物の著書もある溝入茂は語る。「当時公害は加害者と被害者の二元論から成り、公害国会では廃棄物処理法も公害法として扱われた。産業廃棄物は事業活動で儲《もう》けている人が処理責任を負うのが当然となり、法律に規定された。しかし、処理施設がなければ不法投棄や不適正処理を招いてしまう。だから施行後にいろんな問題が噴出した」。

それだけではなかった。法律による一般廃棄物と産業廃棄物という区分けは、廃棄物の性状の違いでなく、誰が排出したのかという「出自」で決められていたので、不合理で複雑怪奇なことが起きた。

例えば廃棄物処理施設を造る際には、廃棄物の性状も処理方法も同じでも一般廃棄物と産業廃棄物ごとに都道府県から許可をとらねばならなかった。産業廃棄物を運搬する時には排出元とともに搬入先の自治体の業の許可が必要だ。しかも、自治体ごとに考え方や解釈が違い、同じ性状の廃棄物なのに、ある自治体で一般廃棄物とみなされた廃棄物が、別の自治体からは産業廃棄物にされたりした。また一般廃棄物も自治体から別の自治体に持ち込む際に搬入先の自治体の承諾が必要だ。するとそれを嫌って産業廃棄物に一般廃棄物を混ぜて運ぶ業者が続出した。今度はそれを嫌った自治体が産業廃棄物の持ち込み自体を規制するといった具合である。

法律で解決すべき問題なのに、不合理なことを押し付けられるのは処理業者だ。そんな世界に邦夫はボートをこぎ出した。

行徳工場のRPF製造機

第二章

リサイクルに目覚める

浄化槽の世界

浄化槽の〝清掃〟に目をつけた

市川清掃センターの名前で千葉県市川市での事業活動に足がかりを得た邦夫は、七三年社長に就任した。翌年市川市に住む石井雅子と結婚した。入り婿《むこ》として石井姓を名乗ることになったのである。

雅子は千葉県館山市の生まれだが、市川市に住む親戚筋の石井喜録、美代子夫妻の養女となり、育てられた。石井喜録は塩田を持ち、自宅から海まで敷地を歩いていけるというのが自慢だった。その塩田を売却することで石井家は資産家となり、それが後に邦夫の事業を助けることになる。

一九六三年から知事を三期務め、企業から「開発大明神」と呼ばれた友納武人《とものうたけと》のもと、それまで農業と漁業で成り立っていた千葉県は、開拓事業を率先して行うことで製鉄所や石油コンビナートの誘致に成功し、工業県への脱皮を図った。

江戸川区の東隣にある市川市は、都心部に近いという利点がある。最初の頃は市が独自に埋め立て事業をしていたが、三井不動産と県が協定を結び埋め立て事業を拡大していくと、多くの企業が市川市に進出した。さらに東京のベッドタウン化が進み、人口は一九五〇年の一〇万二〇〇〇人から一九六〇年に一五万七〇〇〇人、七〇年に二六万一〇〇〇人、八〇年に三六万四〇〇〇人と急激に増えていった。

しかし、下水道の整備はなかなか進まなかった。一九七二年夏になって、ようやく下水道処理施設が完成し、下水道普及率が一〇%となった。長期間かかる下水道の代わりの役目を担ったのが浄化槽である。し尿や生活雑排水を地下の槽に溜め、微生物の働きで分解し、残った汚泥は衛生処理場などで処理する仕組みで、今も下水道のない地域の家庭や事業所で使われている。

すでに父峯吉が経営する京葉興業の役員だった石井はそれに着目した。家庭ごみの収集・運搬を行う業の許可を市川市から得たものの、家庭ごみの収集・運搬は市の直営である。その仕事は市内の既存の業者が独占し、入り込む余地は少なかった。そこで浄化槽の清掃と保守・点検の仕事に力を入れることにした。石井が市川市で始めた頃、浄化槽の大半がし尿だけを処理する単独浄化槽で、しかも人口の増加に伴い急速に増えつつあった。

環境保全の隠れた貢献者・浄化槽

石井が最初に力を入れた浄化槽とはどのようなものか、まずは石井の会社を訪ねてみよう。市川市の市川環境エンジニアリング本社の近くに原木事業所がある。事業所を訪ねると、敷地に真新しいバキュームカーが並ぶ。同社は市川市と松戸市の家庭や事業所にある浄化槽の清掃や点検をしている。

事業所で、そばに横付けしたバキュームカーからホースを引き、地下の浄化槽に挿入する作業が始まっていた。「ウーン」と音がし、中に溜まっていた汚泥と水を吸い込む。作業はなかなか難しい。ホースを固定させ、バランスよく行わないと、水圧でホースが暴れだすことがある。

ホースは直径が六センチ。浄化槽はもう一つあり、こちらは放水してブラシで洗う。こびりついた汚れをきれいにとってやらないと、性能が落ちるのだという。メンテナンスをきっちりして、初めてきれいになった排水を河川に流すことができる。中をのぞくと「逆洗」と呼ばれる自動的に浄化槽の側面に空気を吹きつけ、こびりついた付着物を取る装置が見える。

浄化槽の隣に箱が設置されていた。二四時間浄化槽に空気を吹き込んで微生物が活動しやすい状態を維持してやる。流量調整も行い、流れ込む汚水が一定の量に収まるようにコントロールしている。浄化槽はかなり複雑な構造だ。それに種類が幾つもあり、その構造によって清掃の方法も違う。こうして国や自治体が決めた排水基準（BOD＝生物化学的酸素要求量、SS＝浮遊物質量、大腸菌群数など）をクリアして排水する。

清掃作業は約三〇分から一時間。バキューム車で一日一〇軒近く回るという。浄化槽の清掃は、構造の違いによって年一回から三回行い点検もしている。

その昔、家庭ではし尿を便槽にため、し尿処理業者に回収してもらっていた。やがて下水道が普及し水洗トイレの時代になった。しかし下水道の普及は人口の密集する都市部から始まり、地方は置いてきぼりをくった。し尿のくみ取りに代わったのが家庭浄化槽だ。し尿を槽に溜めると、微生物の働きで有機物を分解し汚泥になる。それを年に数回回収し、自治体の処理場で処理する方法が生まれた。その後し尿だけでなく生活排水もこの槽に受け入れ処理する合併浄化槽が登場し、いまに至っている。

公共下水道と対比して個人下水道と呼ばれ、河川への垂れ流しを防ぐ浄化槽は、環境保全の隠れた貢献者とも言える。その役目を担っているのが石井の会社だった。環境に優しい浄化槽の仕事をしたいと入社した社員もいる。

浄化槽の仕事を増やす

市川清掃センターが、市川市と千葉県から一般廃棄物と産業廃棄物の収集運搬の業の許可を得て三年目に入った一九七五年頃のことである。

センターには駐車場がなく、当時は江戸川区にある父峯吉の自宅前の敷地に簡易事務所と車の置き場があった。社員らはそこからバキューム車で江戸川を越え市川市に向かった。センターは運転手に作業員が一人つき、事務員と合わせて総勢約一三人。課長は京葉興業から移籍した人で、契約をとってきては新入社員に作業の仕方を教えていた。その手ほどきを受けたのが、入社したばかりの松崎正一だった。作業員を乗せてバキューム車を運転し、市川市内を回った。

石井はセンターの社長のほかに京葉興業の常務の肩書も持ち、両方の会社の仕事をしていた。京葉興業の人繰りがつかない時は石井が自らバキューム車のハンドルを握っていた。家庭ごみの収集運搬はすでに既存の業者が市町村と契約しているので入り込むのは難しい。しかし、同じ一般廃棄物でも浄化槽の汚泥の回収は自由競争の世界だった。「まずはこの事業で業績を伸ばすことが先決だ」と石井は考えた。

しばらくして石井は、隣の松戸市に営業所を開設した。まずは拠点の市川市で客を増やして脇を固め、その後徐々に営業の範囲を広げようというのが石井の戦略だった。人口の急激な増加とともに、浄化槽の数も右肩上がりで増えていた松戸市に石井は狙いを定めた。「浄化槽の仕事をとってくるんだ」。石井からハッパをかけられた松崎は、家庭を訪問しセールスを始めた。だが、松戸市はすでに浄化槽の業者が一〇社存在し、それぞれ縄張りを持っていた。ある日業者に嫌みを言われた。「市川の業者が、何で松戸まで来るんだよ」。

その会社は市内の業者たちを仕切り、市の施設や学校の浄化槽の清掃や管理の入札に強い力を持っていた。市川清掃センターは、事前調整のようなことはしないとその会社に伝え入札に参加した。事前調整の仕組みが崩壊すると、別の業者が営業所にやってきた。「感謝しているよ。実はあの会社が怖くて、言いたいことも言えなかったんだ」。

各家庭の契約をとるために地域の町内会長の理解を求めることにした。サービスで浄化槽を清掃し、その様子を見てもらった。「こんなにきれいにしてもらったことはなかった」。町内会の人たちに話をしてまとめてくれたらサービス（割引）すると提案した。その町内会がまとまって契約してくれた。市川清掃センターは徐々に契約を増やし、翌年にはバキューム車は二台になった。たった二人で始まった営業所の社員の数も増えた。四年後には営業所のバキューム車は四台になり、やがて市の下水処理場の清掃業務も請け負うようになった。

環境を守る仕事への評価が低かった時代に

その時代の市川清掃センターのことを覚えている古参社員は言う。「最初に見せられたバキューム車のイメージは、汚物を積んでいるからきれいじゃなかった。でも『これは浄化槽で処理した後の汚泥なんだ』と聞かされ、イメージが変わった。臭いをかいでみたがほとんどせず、これならいけると思いました」。

バキューム車には運転手と作業員の二人が乗り込み、一日に一〇軒以上回って汚泥を回収した。浄化槽にホースを突っ込む時には槽を傷めないように慎重に行い、中を丁寧に洗う。中には五〇トンの汚水が入る大型浄化槽もあり、この場合は縄ばしごをつたって降り、清掃する。簡単に見えるが、浄化槽を清潔にして適切に管理してやらないと、汚水を河川に垂れ流すことにもなる。状態を判断し、客にアドバイスするのも重要な仕事の一つだ。そんな仕事なのに、昔はバキューム車が到着すると、鼻をつまむ格好をする客がいたという。一方ぴかぴかになるまで清掃すると、「こんなにきれいになるのですか」と驚き、感謝の言葉を述べる人もいた。

若い頃回っていた地域の担当に久しぶりに復帰した古参社員が言う。「かつてのお客さんが何人もいて、私の顔を覚えてくれていた。『清掃の様子を横でご覧になりますか』と言うと、『いや、信頼していますから。頑張ってください』と。励みになりました」。この言葉が、当時の社員たちの仕事ぶりを端的に表している。


環境を守り、ユーザーから感謝されるこの仕事だが、かつては偏見の目で見られることが多かったと作業に携わった人たちは語る。あるOBはこんな体験を語った。

「お昼になって飲食店に入ると店主が露骨に嫌な顔をした。食事が終わり会計を済ませると、店主から『もう来ないでくれ』と言われた。浄化槽の汚泥や処理水を溜めたバキューム車を駐車場に置かれるのが嫌だったんだろう。腹が立ったが反論はしなかった。翌日から飲食店に入るのをやめて弁当にしました」。

彼らが働いていた松戸市の東部クリーンセンターを訪ねた。し尿と浄化槽汚泥を高度処理し、浄化した排水を放流している。残った汚泥は脱水し、そのうち三分の一は市外の民間の堆肥化工場で有機肥料にし、残りは市の焼却工場で燃やしている。クリーンセンターでは微生物やオゾン、活性炭など一〇段階以上もの高度処理が行われ、「もう一つの下水処理場」と言っても良い。ところが、ここに出入りするバキューム車を見ると異様だった。どれもが荷台のタンクをアルミの箱で囲み、隠しているのだ。まるで冷凍車だ。

市役所に聞くと、担当者がこんなことを言った。クリーンセンターが八一年に竣工する際、地域のイメージが悪くならないようにとの住民の要求を受けた市は、バキューム車とわからない形で出入りさせることを約束した。イメージアップになるようアルミで囲うことを要綱で定め、業者に守らせているという。

そこに出入りしていた運転手に聞くとこんな答えが返ってきた。「こんな囲いをつけたら、狭い道を入ったり、作業をしたりする上で障害になる。でもそれを守らないと営業許可が出ないから仕方がないんだ」。住民の納得を得ないとセンターを造れないという事情が当時の市にあったにせよ、環境を良くするという意欲を持って従事する石井ら処理業者の誇りを、市自らが傷つけているのではないか。

新入社員たち

心を同じくする同志を増やす

市川清掃センターが設立された時、石井は父峯吉が経営する京葉興業からベテランの社員を転籍させてもらい、バキュームカーの運転や営業をその社員たちに頼っていた。その中でこれぞと石井が見抜いた社員が石井の片腕となり、副社長や常務の地位を手に入れていった。副社長になった松本要二は京葉興業にいた時にはバキューム車の運転手をしていたが、石井のもとで営業や総務の仕事を担うようになった。学歴は劣っていても、能力を石井に引き出され発揮した人が少なからずいる。石井も年上の松本から学ぶことが多かった。松本は、石井が間違った判断をした時には遠慮なく諫めた。松本と共に初期の会社を盛り立ててきた幹部が亡くなった時、石井は「また戦友が一人いなくなっちまった」と嘆いた。

清掃センターが業績をのばすと人手が足りなくなってきた。石井は、求人広告のほか社員に頼んで親戚や友人を誘ってもらったりして人を集めていた。京葉興業も同様で、常務の肩書きがありながら、石井はマイクロバスを運転し、埼玉県の美里町まで出かけて人を集めていた。

そんな状況の中で石井がこだわったのが大学卒の採用だった。しかし、浄化槽の清掃をしているちっぽけな会社を選んでくれる大学生は簡単には現れない。やっと一人見つかったのは一九七五年暮のことだった。石井は、京葉興業の社員から、不動産会社で以前一緒に働いた中に辞めて実家に戻っている友人がいるとの情報を得た。すぐに面接が決まった。

豊田直樹が指定された面接会場は、京葉興業ではなくセンターの事務所がある市川市の古ぼけたアパートだった。てっきり京葉興業の面接だと思い込んでいた豊田は、アパートを見て驚いた。社員と言っても当時は二〇人もいない。三〇〇人の京葉興業とは格が違う。

豊田は中央大学を卒業後、千葉県の不動産会社で団地の開発などを担当していたが、四年後、「もう飽きた」と言って千葉県八千代市の実家に戻った。アルバイトを転々としながら、実家の農作業をしながら、自宅から通える会社を探していた。

石井は「京葉興業じゃなく、市川清掃センターに来ないか」と誘った。スポーツ刈りで大柄な石井は威圧感があった。しかし話し始めると、温厚で若いにもかかわらず人の話にじっと耳を傾ける姿に惹きつけられた。この人のもとでやってみるかと思うと自然に口が出た。「ぜひ、お願いします」。

石井も、不動産会社の体験を口をとがらせてしゃべりまくる豊田を気に入った。「こいつ、なかなか見所がある」。

入社すると、石井はさっそく豊田に着眼点の手ほどきをした。「いいか、豊田。ビルの建物を見たらな、あれは我々がやれる仕事の宝庫だと思わないと。ごみ、浄化槽、窓ふき、配管の清掃、貯水槽の清掃……。いっぱいあるだろう」「市川市の仕事を取るには、指名参加願いの書類の提出が必要なんだ。やり方はこうだ」。そう言いながら、石井は惜しげもなく自分の持つ知識や経験を伝授した。

豊田は営業用のライトバンを運転し、市川市とその周辺の自治体を訪ねて回った。仕事の第一歩は担当課に入札に参加するための書類を提出し、職員らに名刺を撒《ま》いて回ることだった。実績をあげて会社に認めてもらって一人前の男にならないと、どの世界でも落伍者になってしまうと思い、仕事に没頭した。

半年たった頃、松戸市から一般廃棄物業の許可が出た。千葉市からは清掃作業の仕事の注文が入った。豊田は合間を見て民間の工場など事業所も回った。朝七時に現場の清掃作業をする社員らを送り出してからセンターの事務所に行き、そこから営業に出発した。同業者と情報交換したり取引先と打ち合わせした。仕事は山ほどあり、事務所に戻っている時間がなくなってきた。自宅と現場の往復である。

突然、豊田のポケットベルが鳴った。「おめえは今、どこにいるんだ。何やってるんだ」。石井の声である。「いま忙しいんですよ。人手が足りないんで現場で仕事してます」。石井は、入社したての豊田が会社に上がってこないのを案じていた。周りの社員たちにこうぼやいた。「会社にもほとんど顔を見せず、遊びほうけているんじゃないか。放っておくと、糸の切れたタコのようにどこに行っちゃうのかわからんからな。あいつは」。もちろん豊田のことを信頼した上での発言である。仕事熱心もいいが、仲間とのコミュニケーションも大切だからだ。

午後六時になると、石井はまた豊田のポケットベルを鳴らす。「おい、出かけるぞ」。慌てて本社に戻った豊田が車のハンドルを握る。後ろの席には石井と秘書役の社員が座っている。宴席まで届けるのが豊田の役目である。

若いのに宴席の場を取り持つのが石井はうまい。露骨に仕事をくださいとは言わない。談合も嫌いだ。とりとめもない話から入って相手を和ませ、そこで業界の話題を語り石井の会社のことを交える。その間外で待っている豊田にも食事が用意された。石井の細やかな配慮だ。何しろ石井にとって社員は志を同じくする同志なのだから。

時には別の要件でポケベルを鳴らした。「おめえ、これからうまいものを食べに行くぞ!」。豊田を連れてタクシーで出かける。これは自らの息抜きと社員への慰労を兼ねたものだったのだろう。「石井さんは公式の場では『私』『我々』『私ども』を使い、会議では『豊田君』『豊田』『豊さん』。でも、胸襟を開いて話す時には『俺』『おめえ』と村言葉を使った。身内のような感覚でしゃべっていた」と、豊田は語る。

石井の運転手役は、やがて豊田の後輩の松崎正一に移った。松崎がこう振り返る。「後部座席からいろんな話が飛んで来ました。歴史であったり、地理であったり、時事問題であったり。そして、『いろんな本読んだ方がいいよ』と勧められました。俺はどんなに飲んで家に帰っても、毎日必ず読書の時間を取ってるんだって」。

社内初の分析施設に大学の新卒を採用

転職組の大学卒業者第一号の豊田に対し、その二年後に入った木下光生は大学の新卒採用の第一号だった。実は木下と同じ大学の先輩が一年先に入社していたが、一年足らずでやめてしまったので、事実上第一号となっている。

この頃石井は、新卒者を入れようと千葉県や東京都内の大学を訪ね回っていた。中でも期待したのが千葉市にあった千葉工業大学だった。これまでも研究室に教授を訪ねては、廃棄物処理について教えを請うていた。三〇歳と若いが勉強熱心な石井を、教授たちは好感を持って迎えていた。石井は、七六年に念願だった本社ビルを市川市内に建てた。事業が拡大し、社員も増え、とてもアパートに事務所を構えたままではすまなくなってきたからである。鉄筋コンクリートの四階建てと言っても、小さなビルにすぎなかったが、石井はそこに研究室を設置しようと考えていた。

浄化槽の清掃を中心に事業を伸ばしていた石井だったが、やがて家庭の浄化槽だけでなく、一〇〇人規模の処理能力のある工場や事務所、集合住宅に設置された大きな浄化槽を手がけるようになっていた。浄化槽は定期点検が義務づけられ、特に大きな浄化槽は毎月水質検査を行い、結果を市川市に報告することを求められていた。さらに廃棄物の収集運搬も行うようになり、石井は、分析業者に汚水や廃棄物の分析を任せず、自前でできるようにしたいと思った。

分析装置を持つ処理業者は、最終処分業者を除きほとんどなかったが、石井は自前にこだわった。そして、水質分析を担当するための技術職として木下の先輩を入社させると、四階の一室に分析のための機材を揃《そろ》え始めた。

木下光生は石井と同じ江戸川区の生まれで、都立の工業高校から千葉工業大学に進み工業化学を学んでいた。成分分析やプラントの設計が主だったが、七三年の石油危機による不況で、木下の先輩が就職した会社が倒産してしまうケースが相次いでいた。それで絶対に潰れない会社を見つけたいと、用心しながら就職活動を始めていた。そんなところに、石井の命を受けた部長が木下の教授の研究室にやってきた。研究室に来てくれる人材を探していることを伝えると、教授は「木下君、できあがった会社よりも、自分でつくりあげていく会社の方が面白いぞ」と推した。最初は半信半疑で聞いていた木下も、「浄化槽がどんどん増えているなら」と、面接を受けてみることにした。

七七年二月の初め。本社の会議室で待っていたのは石井一人だった。角刈りで大きくてまだ若い。兄貴のようだ。くりっとした目が印象的だった。

石井が語りかけた。

「浄化槽の清掃をしているんだが、これからは浄化槽と水処理施設の管理もやっていきたいんだ。そのためには水質分析が必要になる。僕は自分の会社で分析をしたいと思っている。うちに来てやってくれないか」。人なつっこい目で誘う石井に、木下は「わかりました」と応じた。

しかし、入ってみてすぐに木下がたじろぐようなことが幾つも起きた。

四月一日の入社日、本社の水質管理部研究課に配属された木下は、本社四階にある研究室に入って驚いた。完成したばかりという研究室は小さな部屋で、中に分析機が一台、洗い場と机二つがあるだけ。先に入った先輩が道具を揃える準備をしていた。分析方法を教える社員はおらず、研究部長を名乗り大学でリクルートした部長は、分析の素人で営業を担当していた。

先輩社員と二人でメーカーの仕様書や本を読みながら、手順を覚えていくことになった。

「これで大丈夫かな」と不安を募らせた木下に、翌日こんなハプニングが襲いかかった。

先輩の豊田直樹から声がかかった。「人がいないんだ。お前も一緒に来てくれ!」。豊田は前日に浄化槽を担当する第一課の係長になったばかりだ。

木下にはまだ制服も支給されていなかった。早くしろとせかされ、ネクタイを締めたままバキューム車に乗り込んだ。着いた先は市川市内のマンション。配管が詰まって汚水が溢《あふ》れている。配管に詰まった汚物をかき出さないといけない。

「それ、手伝ってくれ」。浄化槽を担当する制服姿の先輩社員に指示され、竹の棒をつないだ。ひもで結わえ三メートルの長さにして管に突っ込む。汚水が飛び散り、シャツもネクタイもみるみる茶色に染まる。せっかくの革靴はぐちゃぐちゃだ。手はぬるぬるでおまけにマスクの支給もない。臭いがひどくて我慢できない。一緒に作業をしている社員は慣れたもので、マスクなんかせずひょうひょうと作業をこなしている。「分析屋なのに、なんでこんなことさせられるんだ」。そう思うがとても言える雰囲気ではない。

「おい、抜けたぞ」。先輩社員が笑顔で言った。

一気に気が抜けた木下だが、その時何かしら達成感のようなものがわき出てくるのを感じた。石井は現場体験の大切さを常々語っている。会議に出たり接待したりする時には、びしっとスーツ姿で場に臨むが、会社では制服を着て現場で社員と一緒に汗を流してきた。現場での悪戦苦闘によって、浄化槽の維持管理がどう行われ、それがどれだけ大切なことかを知ることができる。それを肌身で木下は知った。

しばらくして木下に作業服と長靴が支給された。分析だけじゃないよということなのだ。木下はそれを不満に思うことはなかった。

規模の小さい会社はこうなのだ。社員が少ないので一人で何役もこなさねばならない。木下は、その後も分析業務をこなしながら助っ人役を買って出た。研究室の先輩は翌年に会社を去り、分析の仕事は木下一人が行うことになった。まもなく分析業務主任の肩書をもらい、やがて研究室に配属された後輩社員に分析方法を教える立場になった。

そんな彼を石井はかわいがった。別の部署に代わると、石井の秘書役として米国出張に同行した。業務部長、総務部長などをへて、子会社の特産エンジニアリングの社長になった木下はこんな体験を語る。

「石井さんから、『おめえ』と呼ばれた最後の社員かも。夕方、石井さんから『ちょっとつきあえ』と連絡が来る。気を遣う接待に疲れ、気分発散のために飲みに行くのだと。お供をし、二、三軒はしごして回ると次はサウナ。そこが終わると、『もう一軒いくぞ』。解放されるのは明け方です。もう、眠くて眠くて。朝会社に出勤するとすでに社長が来ている。大したもんだなと思いました。昼間にプールに連れていかれたこともありました。石井さんが泳ぐとクジラのようでした。ざっぱーと音がして水しぶきがこちらにかかってくるのです」。

立ち上がった業界

四七都道府県の協会を束ねる連合会

石井が飛び込んだ廃棄物処理業界に様々な人々が参入した。しかし、大半は規模が小さく、ダンプ一台で収集運搬業を名乗ったり、家族で会社をつくる業者も多かった。工場や建設会社から仕事をもらおうとダンピング競争が広がり、無許可の業者が跋扈《ばっこ》した。建設現場から出た建設廃棄物に至っては、排出事業者と処理業者の契約の半分近くが契約書を交わさない口約束の類だったという調査結果もある。許可を持つ業者が結束してこうした問題の解決に当たらないと何も変わらない。心ある業者らは危機感を抱いていた。処理業の許認可権を持ち、業者を指導している都道府県が協力し、処理業者が組織化する動きが七〇年代中頃から始まった。その動きの輪に若き石井もいた。

ここでは石井が参加した東京の協会の設立と、その後の全国組織づくりの動きをみる。石井が全国組織の会長となるに至った出発点だからだ。

全国の先陣を切って、廃棄物処理法が制定された五年後の七五年に設立されたのが静岡県の協会だった。会長は運送業を営みながら産業廃棄物処理業に乗り出した人で、県の運送協会の会長もしている実力者だった。廃棄物処理法が施行され、業者の許認可業務を始めた静岡県は、業者を指導するために受け皿になってくれる団体を求めていた。業者も県に陳情したり、相談したりするメリットがある。当時の知事が公害問題に熱心だったこともあり、一番乗りで協会が設立された。

それに続いたのが埼玉県だった。翌七六年に産業廃棄物事業協同組合が結成され、初代理事長に鈴木勇吉が選ばれた。後に全国組織の産業廃棄物連合会の会長になった人だ。鈴木は、足立町（現志木市）議会議員の時に相次ぐ不法投棄によって河川が汚染されていくことに義憤を感じ、自ら産業廃棄物処理業を始めたという変わり種だった。同業者の相談に乗っているうち、業者が一致団結して許認可権を持った自治体に当たる必要性を感じ、仲間を誘った。

組織化の動きはその後、山形県、愛知県、大阪府、長野県などに広がっていくのだが、その急激な動きの背景には、処理業者たちが抱える事業への不安と一九七六年に廃棄物処理法を改正した国への不信感があった。

一九七五年夏に東京都江戸川区で、化学会社が空き地などに投棄した有害な六価《ろっか》クロム鉱滓《こうさい》の土壌汚染問題が、住民団体の告発で発覚した。東京都が調べると、汚染地は江戸川区、江東区一帯に広がり、化学工場に勤めていた社員の健康被害も起きていた。都は化学会社と交渉し、不十分ながらも鉱滓を撤去、処分させることになった。しかしこの事件は、できたばかりの廃棄物処理法の欠陥を暴き出すことにもなった。

東京都の調べで、化学会社から委託された業者が別の業者に運搬を委託し、さらに引き受けた業者が別の業者に委託といった具合に再委託が繰り返されていた。それが原因で、化学会社は誰がどう処分したのか十分に把握していなかったが、「処理を委託された業者に責任があり、会社は関係ない」と言い張った。なるほど廃棄物処理法は、廃棄物を最後に処理した業者に責任があるとしているだけで、排出事業者の責任を問うことはできない。しかし、こうした再委託を繰り返したことが不適正処理をもたらしたことは明らかだった。

国会で野党からこのことを連日批判された厚生省は、廃棄物処理法の改正を余儀なくされた。再委託を禁止するとともに、罰則強化など排出者の責任を強化した。これを契機に排出事業者は、運搬業者、中間処理業者、最終処分業者と個別に契約を結ぶことが義務づけられた。

ところが、排出事業者自ら処理することの大切さを強調するあまり、これまで処理業者に処理を委託できるとしていた法律の条文から「処理業者」の名称が消されてしまった。もちろん処理業者を県が認可し、排出事業者が処理を委託できる仕組みは変わらなかったが、処理業者たちは「俺たちは社会から必要とされない名前のない存在になったのか」と落胆し、業界の将来に不安を覚えた。また再委託の禁止は当然の措置とはいえ、これによって収集運搬業者や処理業者が排出事業者と対等な立場で契約が結べるとは思えなかった。処理業者間の競争が激しくなり、逆に排出事業者の立場を強くしてしまわないか——。そんな疑問がわいたのである。

廃棄物処理法の改正が引き金に

その動きの中で敏感に反応したのは、やはり東京を中心とする首都圏の処理業者たちだった。連合会の顧問を長く続けてきた芝田稔秋弁護士によると、七五年夏頃に「産廃新聞」という業界紙が法改正の内容を取り上げ、集会を呼びかけた。それがきっかけとなり、危機感を持った東京、神奈川、千葉、埼玉などの処理業者が集まり、陳情団を結成することが決まった。その陳情団の七〇社の中には、邦夫が常務を務める京葉興業と埼玉県の鈴木の会社もあった。

陳情団に頼まれ芝田が書いた陳情書は、排出事業者責任の強化を是としながらも、法改正が処理業者いじめとなり、排斥するようなことになれば逆に処理を滞らせる心配があるとし、過剰規制にならないよう求めていた。

そして、この陳情書に名を連ねた業者のうち東京の業者たちによって、七七年に東京都産業廃棄物協会（現東京都産業資源循環協会）が誕生した。その設立のために集まって規約作りや仲間集めをしていたコアメンバーに石井も交じっていた。父峯吉が経営する京葉興業の常務の肩書があり、峯吉から頼まれて出席していたのである。会議では、親子ほどの年の差がある有力業者たちの中で、遠慮がちに会話に耳を傾けた。その会議では東京の協会だけでなく、その後全国組織をどうやってつくるかという議論もしていた。こうして誕生した協会の初代会長には運輸族の元代議士、関谷《せきや》勝利《かつとし》が就任し、常任理事の一人には峯吉が選ばれた。邦夫は父の代わりに理事会に出席し、経験を蓄積していった。

邦夫は、この頃の状況を全国産業廃棄物連合会の座談会でこう語っている。

「廃棄物処理法が七一年に施行され、私は（一般廃棄物の業者でつくる）日本環境保全協会でやっていました。そこに産業保全部会を立ち上げたのです。六価クロム事件を契機に法律が変わって、最終処分場の構造基準が三通りになりました。東京には京葉工業地帯がありましたから、協同組合が三つくらいありました。（産業廃棄物を扱う）廃油業者が、石油ショックやイラン・イラク戦争で立場が強くなり、我々も発言する場の協会がほしいというのが、昭和五〇年から五二年くらいの流れだと思います。それで当時経団連ビルで集まった時、結構全国から集まりました。私はそれが全国産業廃棄物連合会の前身に近いような集まりではなかったかと記憶しております」（連合会の『20周年記念誌』）。

福島県から全国組織化を目指す

その頃、東北地方で全国組織化を熱心に説いていた人物がいた。福島県いわき市で最終処分場を経営していたひめゆり総業の社長、太田忠雄である。東京の都立国立《くにたち》中学（現都立国立高校）を卒業後、いわき市で父親が営む石炭の販売店を手伝っていた。父親は千葉県の酒屋の番頭から石炭の販売業に転じた人で、やがて石炭産業が斜陽となると、家業も苦しくなった。そんな頃、太田は、工場の清掃の仕事を受けていた呉羽化学工業（現クレハ）から「選炭場の周辺にいい土地がある。廃棄物の最終処分場を造らないか」と持ちかけられた。

　廃棄物の処分業という新しい事業に乗り出すことを決心した太田は、同社の支援を受けてひめゆり総業を設立。閉鎖されていたし尿処理場と周辺の土地をいわき市から買い取り、最終処分場の建設に邁進した。やがて経営は軌道に乗り、福島県を代表する最終処分業者になった。しかし、太田は地方の裕福な事業家であることに満足しなかった。廃棄物処理業者の社会的地位の低さに我慢できなかったからである。処分場の相談に行った厚生省の官僚から「処分場って何？　そんなもの知らない」と、相手にしてもらえなかった体験を繰り返し語っている。当時多くの業者が「ごみ屋」というさげすみの言葉で呼ばれて悔しい思いをしていた。それは太田も石井も同じだった。

　太田は仲間に呼びかけ、福島県の協会を設立すると、全国組織化に向けて各地の有力業者を説いて回るようになった。そこで石井ら東京の有力業者や鈴木勇吉と出会い、全国産業廃棄物連合会の結成にこぎつけた。その後、関谷から会長職を引き継いだ太田は、リーダーシップを発揮し業界を牽引していった。「産業廃棄物処理業を社会から評価され尊敬されるような存在にするのは俺のロマンだ」と語る太田は、若い石井を息子のようにかわいがった。早くから理事につけ、重要な仕事を任せた。

太田は、福島県選出の元厚生大臣齋藤邦吉の熱心な支持者だった。齋藤もこの業界に理解があった。太田の築いた厚生族とのパイプはやがて石井に引き継がれ、齋藤の所属する宏池会に籍を置き後に厚生大臣になる丹羽雄哉と親しくなってゆく。

全国産業廃棄物連合会が設立されたのは一九七八年のことだが、当時は八都県が加盟するにすぎなかった。それでも太田や鈴木、木村博昌事務局長が全国を回って数を増やし、八五年には国に社団法人化を認められることになる（二〇一一年に公益社団法人になった）。いま、連合会は中間処理部会、最終処分部会など分野やテーマごとに分科会をつくり、国に要望や提言を行ったり会員のための研修事業をしたりしている。連合会の傘下にある都道府県の協会の会員は中小零細業者が大半を占め、協会は講習会を行ったり、マニフェスト伝票の販売をしたり、不法投棄防止のためのパトロールをしたりしている。

しかし当時は連合会が誕生したばかりで、首都圏の協会は東京と埼玉しかなかった。石井は、自分の会社のある千葉県に目を向け、協会設立に向けて走り始めていた。

千葉県協会の旗揚げ

セピア色の写真

廃棄物処理法が制定されるずっと前から有力業者が並ぶ東京と比べ、千葉県には石井の市川清掃センター（現市川環境エンジニアリング）のように、法律の制定を機に産声を上げた会社が多く、やや事情が異なっていた。

千葉県での協会づくりを石井はどう進めたのか。それを知ろうと千葉市にある千葉県産業資源循環協会を訪ねた。女性職員が書庫からアルバムを見つけ出してくれた。中にセピア色の古い写真があった。一九七八年一二月一日に千葉市のグランドホテルで、前身の千葉県産業廃棄物処理業協会の設立総会が開かれた時の写真だった。

会場で産廃業者たちを前にスーツ姿の石井が直立不動で立っている。隣には小柄な白髪の紳士がいる。市原市にある市原不燃物処理株式会社社長の鎌田正二だ。総会では鎌田が会長に、石井が副会長に選ばれた。任意の団体結成にすぎないのに、この集会には川上紀一知事が出席し設立を祝った。

この任意の協会設立のために、石井は有力業者に声をかけ回っていた。そして同意を取り付け、七八年八月に約三〇社が集まった。千葉県産業廃棄物処理業者有志懇談会と名付けられた集会には県の生活環境課長もオブザーバーとして出席し、「行政も肩入れするからしっかりやってくれ」と後押ししてくれた。懇談会はその後設立準備委員会に衣替えし、発起人会となった。そして一〇日に一回のペースで会合を重ね会則などを決め、ようやく設立総会を迎えたのだった。

七二年に一七社しかなかった業者数は七八年には約五〇〇社に増えた。七七年一一月に千葉県が策定した千葉県産業廃棄物処理計画は「健全な処理業者の組織化の推進を図る」ことがうたわれている。県も不法投棄や不適正処理をなくすには協会が設立され、協力を得ることが必要だと考えていた。

二人でコンビを組む

協会が後にまとめた『20年のあゆみ』（２０００年）に、石井と最終処分場を経営する大平興産の山上毅社長らによる座談会が収録されている。山上も石井に協力し協会設立に尽力した一人だ。少し長いが、千葉県の協会ができた当時の状況がよくわかるので引用したい。

石井「昭和五一、五二年頃から東京・大阪・中京地区を中心に自然発生的に、産業廃棄物処理業者の協同組合や任意組合が法律の勉強や法改正に業者の意見を反映すべく、そのような団体が組織化されてきた。この周辺では、東京や神奈川が早かった。神奈川は京葉工業地帯があり、業者そのものは戦前から存在していた。そして協同組合なるものも結構あった。東京でも団体が、昭和五〇年頃に二つぐらいできた。それがいまの東京都産業廃棄物協会になった。それと前後して千葉県でも六価クロムの鉱滓《こうさい》の問題や行政上の問題がでてきた。千葉県環境部の部長や課長から当時二〇〇社ぐらいいた業者に対し、組織化を促すお話があった。千葉県でも任意団体の準備をしようというのが協会の設立当時のきっかけであります」

山上「(一九七〇年にできた廃棄物処理法に不備があり、いろんな問題が起き) 千葉県にしても『何とかしなければならない』という気持ちがあり、そのようなことから『早く団体をつくってくれないか』という話がございました。私が最初に聞いたのは、環境整備課の担当の方から『何とかそのような団体をつくれませんか』と言われたのを覚えている。それから具体的に、やっていくべきということになり、自然発生的に組織化された。もともと私は東京の人間で千葉県の状況を知らなかったが、当時、この仕事をしているある部分の人たちは、既に結束していたという記憶がある。だから、比較的うまく導入されたのではないかと思う」

設立総会に出席した川上知事から「一刻も早く社団法人を目指した方がいい」と助言された石井は、仲間を連れて静岡県産業廃棄物処理協会（現県産業廃棄物協会）を訪ねた。全国で最初に組織化した協会は、その二年後にこれも全国初の社団法人化に成功していたからだ。

協会副会長で丸徳商事有限会社社長の岩間雄一は「石井さんは、若いけど熱心な人で、静岡県のように早くしたいという気持ちが強かった。私もこれまでの経過を語り、できる限り協力したことを覚えている」と語る。石井は、静岡県の協会が建設会社など排出事業者に賛助会員になってもらっていることに興味を示した。排出事業者を仲間に引き込み、情報交換したりお互いに理解し合ったりできる。石井は、千葉県に戻ると静岡県をお手本に検討を進めた。

チッソの元幹部だった鎌田

ところで千葉県の協会の会長になった鎌田は、石井にとって太田と同じほど尊敬する大きな存在だった。有機水銀を水俣湾に垂れ流し、何万人もの被害者を出したことで知られるチッソ（株）はかつては日本を代表する化学企業で、東大卒のエリートたちがこぞって入社を志望したといわれる。福島県出身の鎌田も東京帝国大学の経済学部を優秀な成績で卒業した幹部候補生だった。

石井は鎌田のことを私にこう紹介したことがある。「鎌田さんは、敗戦を工場のあった北朝鮮で迎え抑留された。社員や家族を帰国させるために大変な苦労をした。帰国すると今度は水俣病事件に遭った。原因企業の社員として水俣病患者の拡大を止められなかった責任を強く感じておられた。そしてそんな会社をきっぱりやめ、行き場のない退職者の受け皿になる会社をつくった。しかもそれが産業廃棄物処理の会社だった。それがなきゃ僕との縁はなかった」。

石井の鎌田賛辞はとまらない。

少し脇道にそれるが、石井が大きな影響を受けた鎌田の半生を振り返ってみたい。

北朝鮮での興南工場の様子と社員、家族の逃避行は、鎌田が出した『北鮮の日本人苦難記――日窒興南工場の最後』に詳しい。また日本窒素肥料（チッソの前身）に勤めた人々の証言を四〇冊以上もの『日本窒素史への証言』にまとめている。

帰国後、熊本県水俣市の水俣工場で庶務課長として過ごしていた鎌田は、五六年に四人の患者が工場の付属病院に運ばれ、病院長が「原因不明の奇病」として県に報告した「水俣病の公式発見の日」も体験している。文才のあった鎌田は『水俣工場新聞』を編集し、この奇病について病院長から聞き取り、工場新聞にこんな記事を書いた。

「この二、三年水俣市内の主として月の浦地区に、原因不明の奇病が発生している。以下は付属病院の細川一先生の調査による……」。

その後、千葉県市原市にできる石油化学コンビナートに進出するため、工場建設の準備室次長としてその最前線に立った。完成してしばらくたった後本社に戻り総務部長に昇進した。ところが、重役への道が敷かれていたというのに、鎌田は突然会社を辞めてしまう。鎌田はこう書き記している。「会社の首脳部の考えで、調査室なるものを設け、定年近くなった人の一部をそこに配置し、自分で仕事を見つけるようにと、つきはなすような処置をとったが、その窓際族的な取り扱いを見て、そういう扱いを受けた人に対しては、顔をそむけるような同情を感じ、首脳部にはいきどおりを覚えた。これは何とかせねばならぬと切実に感じたのだった」（『千葉ファインの十六年』）。

数人の仲間を募って千葉ファインケミカルという小さな会社を市原市に設立した。お金がないので、知り合いの小さな化学会社の社長に頼み込み、工場の一角を事務所として間借りし、仕事を始めた。やがて事業が回り始めると、チッソの社員受け入れのために、七〇年一二月市原市に市原不燃物処理会社を設立し、市の最終処分場の管理や収集運搬を始めた。

有機水銀を含む工場廃水を垂れ流し、史上最大の公害事件を生んだ公害企業への反省から、今度は産業廃棄物の処理に転じたのである。汚染物質を大気や廃水として排出しないために工場内部で無害化処理したりし、残った汚染物質は産業廃棄物に蓄積する。それを工場の外に持ち出し埋め立て処分場などで処理されることから、産業廃棄物は「公害の終着駅」と呼ばれる。だから処理業は公害防止業でもある。

公害事件を起こしたことを悔いた鎌田の一つの責任の取り方であった。その責任の取り方に石井は感動した。親子ほど年の差があるがウマがあった。千葉県の協会の主催で全国の廃棄物処理施設を見学して回ったり、慰労のために温泉旅館に泊まったり。石井の残したアルバムを繰ると、宴席で浴衣姿の二人が芸者と談笑する写真が何枚もあった。浴衣をはだけ、胸襟を開いて語るというのはこのことだ。石井は接待の作法や役人との付き合い方について鎌田から薫陶を受けた。

千葉県の協会が出した『20年のあゆみ』に収録された座談会で石井はこう語っている。「千葉の協会の場合は、営業の話で取った、取られたという話は、私の聞いている限りでは今まで少ないですね。というのは、分けて考えることを役員の中に植え付けました。どうしても中小企業だと感覚的に明日の米が欲しいとなり、公益法人になじまないということを、鎌田前会長からいろいろな形で我々に教えてくれました。公益法人とは何ぞやというのを教えてもらい、勉強になりました」。

八九年に鎌田が脳梗塞を患い、会長を石井に譲るまで二人のコンビは続いた。

二〇一〇年千葉市のホテルで開かれた社団法人三〇周年の記念式典に、鎌田の妻と子どもたちが招待された。鎌田はすでに鬼籍に入っていたが、遺族を記念式典に招待したいと提案したのは石井だった。石井が提案すると協会の幹部全員が賛成した。石井のささやかな感謝の気持ちの発露だった。石井から感謝状を受け取った息子は「父はさぞかしこのように表彰していただきましたことを、大変喜んでいることと思います」と述べた。その日、会場で石井は、まだ若い会員たちに鎌田の思い出を熱っぽく語るのだった。

行徳工場を手に入れた

野鳥の楽園との共存

石井のリサイクルにかける思いが凝縮された場所がある。

ＪＲの京葉線で東京から千葉に向かう。浦安市の東京ディズニーランドを越えて市川市に入る。市川塩浜駅で降りた。海側の埋め立て地にはＪＦＥ、住友化学をはじめとする工場群と、石油タンク、物流倉庫が威容を見せている。反対の北に向かう湾岸線が走り、そこを越えてしばらく歩くと湿地帯が広がる。サギが池で餌を探している。宮内庁の新浜鴨場も含むこの新浜地区は「野鳥の楽園」と呼ばれる。そしてこの湿地帯をマンション群が囲んでいる。

この湿地帯を見下ろすように千葉県の野鳥観察舎がかつてあった。そこから再び湾岸道路に戻り海側に向かうと、工場と倉庫が集まる加藤新田の工業地がある。その一角に市川環境エンジニアリングの行徳工場があった。ここで廃プラスチックと古紙からＲＰＦと呼ばれる固形燃料を製造している（ＲＰＦとはRefuse derived paper and Plastics densified Fuel の略）。

廃プラスチックをカロリーの低い生ごみと一緒に焼却工場で燃やしたのでは効率が悪すぎる。

しかも生ごみが原因で熱量が不足し、重油や天然ガスで追い炊きし、エネルギーの無駄遣いをしている自治体も多い。

それに比べ、ＲＰＦは熱量が約六〇〇〇キロカロリーと石炭と同等で、価格も石炭や重油に比べてはるかに安い。製紙会社や工場・事業所のボイラーの代替燃料として使われている。廃プラスチックはそれ以外にペレットにして再生品を造る材料リサイクルという方法があるが、行徳工場は材料リサイクルに向かないような汚れた廃プラスチックを原料にしているところに特徴がある。保護区からシギやチドリがこの近くまで飛んでくることも多い。周囲にはマンションも多いので、臭気や大気汚染物質を環境中に排出して汚染しないよう細心の注意を払っているという。

徹底した選別が命

二〇人が働く工場の左手に廃プラスチックのヤード（保管場）があり、廃プラスチックが詰まったフレコンバッグが山積みされていた。ここに持ち込まれる廃プラスチックはビルや事業所から出た事業系の廃棄物で、近寄って見るときれいなプラスチックとは言えない。リサイクルに向かない塩素を含むものも多い。そこで選別工程を工夫し、塩素の入った廃プラスチックを取り除いたりして高品質のＲＰＦを造っているという。

行徳工場のプラスチックリサイクルの歴史は塩素との闘いだったといっても過言ではない。塩素を含むプラスチックとはもっぱら塩化ビニルを指す。これを燃やすとダイオキシンや塩素を発生し、焼却炉やボイラーにクリンカ（灰）が付着したり、腐食の原因になる。セメント工場では製造したセメントに塩素が混じると建造物の鉄筋の腐食の原因になるため、セメント原料に含まれる塩素の含有率を厳しく規制している。

行徳工場には、一〇〇％ＲＰＦに適したフィルム系の廃プラスチックや古紙のヤードＡ、塩化ビニルの混じったヤードＢ、処理に不適な異物が混じったヤードＣの三つのヤードがある。

ヤードＢの工程を紹介しよう。まず、破砕前の処理をして手選別を行い、廃プラスチックは一次破砕機に送られて破砕する。次にバリスティック選別機で、破砕物をふるいながら、傾斜させた台から落下する細粒物、台をのぼっていく軽量物、台を転がっていく重量物に分けていく。それぞれをラインに流し、四台のマルチソーター（近赤外線自動選別機）が高速度で異物の塩化ビニルを吹き飛ばして除去。さらに別の磁力選別機（磁選機）と金属探知機で残った金属を除去する。

廃プラスチックのリサイクル工場というと、容器包装プラスチックの材料リサイクルが有名だが、多くの工場は、ポリエチレン、ポリプロピレンなどの素材ごとに自動選別ができるマルチソーターの導入が遅れ、人海戦術に頼っている。第四章で紹介する市川環境エンジニアリングの関連会社のエム・エム・プラスチックの工場ではこれが六台導入されている。

工程の後半では、破砕した廃プラスチックは古紙などと混ぜて破砕機に送った後細かくする。さらにマルチソーターと磁選機により異物の除去を徹底し、乾燥機で水分を飛ばし、最後に造粒機でRPFができあがる。実に複雑な工程によって製造されていることがわかる。

手にしたできたてほやほやのRPFは温かかった。直径五センチ、長さ一二センチの円筒形で、灰色の表面はややでこぼこしている。工場の中に三種類のRPFが陳列してあった。「A製品　塩素0・2％以下」「B製品　塩素0・8％以下」「C製品　塩素1・8％以下」とあった。ユーザーの需要に応じて三種類のRPFを用意しているのだ。

原料に適した産業廃棄物の廃プラスチックは、キロ当たり約三十数円で業者から処理費をもらって調達し、RPFをキロ数円で、王子グループの製紙工場などに年間約五五〇〇〇トン売却しているという。受け入れた廃棄物は約八一〇〇〇トンだから、約二六〇〇〇トンの残渣《ざんさ》や金属などの有価物が残る。可燃性の残渣は焼却施設、不燃性の残渣は埋め立て処分場に搬入され、金属などの有価物は売却している。

行徳工場は、塩素をほとんど含まない上質のRPFを、塩素が混入した廃棄物から製造している。塩素を含まない単一素材の産業廃棄物が原料ならそれほど難しくないが、品質の劣る廃プラスチックをRPFに生まれ変わらせているのは、高度な選別機と、選別技術を蓄積する社員の存在がある。

リサイクルに目を向けた石井

この工場は社長として石井が初めて手にしたリサイクル工場だった。それは浄化槽の清掃と廃棄物の収集・運搬に携わっていた石井の悲願だった。市川市は浮谷《うきや》竹次郎市長のもと、一九五七年から行徳地域の埋め立て事業が開始され、六八年に行徳工場が立地する地区が造成された。七〇年代になると近隣も造成され、後に三菱電機と市川環境エンジニアリングによる家電リサイクル工場が立地する。

ちなみに当時、工業立地法のもとで自治体が整備を進めた工業団地は、製造業と発電所しか立地できず、サービス業と分類されていた廃棄物処理施設は対象外とされていた。そんなハンディの中、石井は工場用地を探し回っていたのである。

行徳工場が立地する土地は、初期の分譲価格が一平方メートル当たり七〇〇〇円。七〇年にトタンの製造会社が購入、工場を建て操業を始めたが、騒音などの問題があり、七八年秋に京葉興業が購入、翌年三月に市川清掃センターに所有権が移った。石井はこの工場を中間処理、それもリサイクルを中心にしたものにしようと考えていた。工場の建屋はトタン工場のままだが、石井はこの工場を「再資源再利用処理センター」と名付けた。

しかし何から手をつけたらいいのか石井は考えあぐねていた。行徳工場の歴史を振り返りながら、プラスチックリサイクルの歩みをたどりたい。

石油危機と再資源化の波

石油危機の衝撃

一九七三年一〇月六日第四次中東戦争が勃発した。エジプトとシリアの連合軍とイスラエル軍が衝突した。アラブ産油国はエジプトとシリアを支援するために、イスラエル支援国に対し原油の禁輸と原油公示価格の二一％引き上げを発表し、中東の原油依存率の高かった日本は大打撃を受けた。原油価格は四倍に上昇し、ガソリンが高騰、トイレットペーパーが店頭から消え、買い占めが横行し、狂乱物価に社会はおののいた。

田中角栄首相が唱えた「列島改造論」はあっという間に表舞台から消え、電力消費を抑えるため、テレビの深夜放送は自粛、街のネオンも消えた。輸入品の高騰と世界経済の落ち込みで輸出は急落し、さらに当時進行していた急激なインフレを抑えるための引き締め措置が負の相乗効果をもたらし、日本経済は戦後初めてのマイナス成長に陥った。

この第一次石油危機の後、七九年にはイラン革命の混乱から第二次石油危機が起きた。この石油危機の影響は廃棄物の世界にも及んだ。これまでの右肩上がりだった廃棄物の排出量も減少に転じ、一般廃棄物の排出量は七三年度の三四六九万トンが翌年度は三〇七三万トンと一二%減った（産業廃棄物は国が詳しいデータをとっていなかったので不明）。

仕事が減り資金繰りに苦しむ業者が続出し、倒産や廃業が相次いだこの時期、なぜか処理業者の数が爆発的に増えていた。都道府県が出す処理業の許可件数を見ると、七三年度の三五二五が二年後の七五年度には三倍の一万六八二、七七年度には二万二三五とまさに倍々ゲームである。その九割近くを収集・運搬業者が占めた。当然のことながら過当競争となりダンピングが横行した。経営が苦しくなった排出事業者はより安い委託先を求めた。それが巡り巡って不法投棄や不適正処理を増やし、まじめな業者が苦しむという「悪の連鎖」ができあがった。

社会のリサイクル意識の芽生え

一方で石油危機は石油にどっぷりつかった社会に反省を求めることとなった。政府は中東原油への過度の依存から脱却するために、中東以外の地域での原油開発を目指し、石油の比率を下げるために天然ガスなど代替エネルギーの開発を進めた。特に力を入れたのが原発だったというのは歴史の皮肉かもしれない。七四年には電源開発促進法など電源三法といわれる法整備が行われ、原発立地を受け入れる地域に巨額のお金が流れる仕組みができた。そのお金は国民の電気料金に上乗せされ、原発推進を国民全体で支えるという奇妙な構図ができた。

官民あげて省資源と省エネルギーに取り組んだ中に廃棄物の再資源化もあった。いわゆるリサイクルである。しかし、資源化施設を整備しようにも、廃家電をはじめ多くの品目で技術が未開発だった。そこで技術開発を進めるための組織を必要とした。また事業者、自治体、市民が協力することも大事で、そのための啓蒙活動や事業も求められる。そんな課題に応えようと、通産省の肝いりで七五年に発足したのが財団法人クリーン・ジャパン・センター（ＣＪＣ）だった。

母体となったのが科学技術庁の資源化調査会。その下に作った再資源化を検討する組織で活動を始めた。委員長を務めた協和発酵工業の会長だった加藤辨三郎《べんざぶろう》は、自社で資源化を進め、それを全国に広めようとしていた。同じ頃、日本商工会議所の永野重雄会頭は「クリーン・ジャパン国民運動」を提唱し、再資源化の推進を訴えていた。そこで初代のＣＪＣ会長に永野が、副会長に加藤が就任した。

ＣＪＣは、最新の再資源化のための実験プラントを設置したり、廃棄物の分別回収をしている自治体をモデル都市に選んで補助金を出したりし始めた。その頃リサイクルを目的とした事業者団体が続々と誕生していた。古紙を扱う業者による財団法人古紙再生促進センター（七四年）、家電メーカーによる財団法人家電製品等再資源化促進協会（七四年）、缶メーカーが中心となったオールアルミニウム缶回収協会（七三年）と、あき缶処理対策協会（同年）……。それぞれが国の助成を受けて回収システムやリサイクル技術の開発に取り組んでいた。

通産省は一九七〇年に再資源化に注目し、独自の制度づくりを目指したことがあった。しかし、政府内での調整の結果、廃棄物処理は厚生省の所管とされると引き下がった。だが七三年の石油危機を機に再資源化の必要性が産業界にも認識されたことから、七六年産業構造審議会を動かし、廃棄物再資源化法の制定を目指した。ところが、リサイクル製品の流通販売体制をつくるためのカルテル行為の導入に公正取引委員会が待ったをかけ、法案は国会に提出できずに終わった。

厄介なプラスチックごみのリサイクル

ＣＪＣはモデル都市に静岡県沼津市と千葉県市原市を選んだ。沼津市はその少し前に井出敏彦市長のもとで家庭から出たごみを、全国で初めて可燃ごみ、不燃ごみ、資源ごみに分けて回収する三分別を始めていた。不燃ごみから瓶と缶を分けて集めたところがミソだが、分別回収すると、有価で売却でき、不燃ごみが減って埋め立て処分場の延命化につながる。市民のごみに対する意識も広がり、ごみの排出量全体が減った。これが話題となり、分別収集が全国の自治体に広がっていった。これに注目したのが厚生省でなく、通産省とＣＪＣだったところが面白い。通産省の補助金を使い、ＣＪＣが沼津市が造るリサイクルセンターの建設費を補助したのである。

もう一つの市原市では、ＣＪＣが廃家電製品のリサイクルプラントを造り、リサイクルの実験に取り組んだ。当時廃家電は自治体が最終処分場に埋め立てていたが、廃家電には鉄、銅、アルミニウムなどの資源が含まれており、それを取り出し再利用しようというのである。

全国的にリサイクルの気運が高まったものの、自治体と処理業者が頭を抱えていたのが廃プラスチックの処理だった。六〇年代からプラスチック製品の普及と共に廃プラスチックも増え続けた。可燃ごみに占める廃プラスチックの比率は七〇年代になると二割近くになった。プラスチックの熱量は石炭の二倍もあり、焼却炉内が高温となって、耐火レンガが崩れたり故障する焼却施設が続出した。またプラスチック類に含まれる塩化ビニルは大量の塩素を含み、燃やすと大量の塩素を発生し、大気を汚染し焼却炉の腐食を招いた。このため多くの自治体が廃プラスチックを不燃ごみ扱いにし、最終処分場に埋め立て処分するようになった。しかし廃プラスチックはかさばり、最終処分場はすぐに埋まってしまう。やっかいものの廃プラスチックをどうするかが大きなテーマとなった。

ＣＪＣの副会長加藤辨三郎はこのことを良く理解していた。専門誌でＮＨＫのディレクターの質問にこう答えている。

ＮＨＫ「（センターの）四億円の金ではほとんど大きな事業はやれませんね」

加藤「まぁ、いまは四億や五億の金では、事務局を維持し、若干の委員会をつくっていくしかできない」

ＮＨＫ「いろんな大手の企業が寄り集まって出資し、組織をうまく活動させるということは、なかなか理解が得にくいものなんですか」

加藤「それはなかなか難しいですね。むしろ、各企業が自分自身でやっているんですよ。（中略）プラスチックなんかでも、プラスチックを製造している工場内ではうまく処理されているんです。ところが、工場外に出て一般の市場に出回ってしまうと、処理が難しくなる。だれは何をやり、だれは何をやる、で相談になるとダメですな」

処理に困る廃プラスチック。それに注目したのが石井邦夫だった。

廃プラのリサイクルに格闘

廃棄物の「中間処理」とは

石井が行徳工場で廃プラスチックのリサイクルに取り組もうと決めたのは八〇年春のこと。工場を手にして二年の歳月がたっていた。

廃棄物処理業は三つの業種がある。一つは廃棄物の収集運搬業で、最初に石井が手がけたのもこの業種である。二つ目は中間処理業で、工場など排出事業者が排出した産業廃棄物を選別したり焼却処理したりしてごみの量を減らす。リサイクルの原料を造る行為も中間処理に入る。三つ目が最終処分業で、中間処理した後の焼却灰や不燃ごみを埋め立て処分場に埋める。

石井は最終処分場を持ちたかったが、巨額の資金を必要とするために、まずは中間処理施設を持つのが先だと感じていた。中間処理といっても汚泥なら脱水施設、廃油なら油水分離施設といった具合に処理する品目によって設備が違う。石井が行徳工場を手にいれた七八年、産業廃棄物の中間処理施設は全国に六一五三あった。うち汚泥の脱水・乾燥・焼却施設が五四％を占め、続いて廃油・廃酸・廃アルカリの油水分離・中和・焼却施設が二四％、廃プラスチックの破砕・焼却施設が一四％。しかしこの中間処理施設の半分以上は工場などの排出事業者の施設で、産業廃棄物処理業者が運営する施設は不足していた。

石井は焼却施設を造りたいと思っていたが幾つか制約があった。まずそれなりの焼却炉を造るにはかなりの資金を必要とし、年間売上高が五億円、社員四〇人余りの小さな会社がすぐに手にするのは難しかった。さらに焼却炉は様々な有害物質を排出することから、公害の発生源として住民から嫌われていた。東京都は二三区の各区に清掃工場を配置しようとしていたが、杉並区では清掃工場の計画に住民が抵抗し裁判にまでなっていた。建築基準法で学校や病院、福祉施設の近くに設置できないなどの制約がかけられ、千葉県習志野市のように条例で産業廃棄物の焼却施設を禁止している自治体も多かった。

一九八〇年スイスのバーゼルで第一回リサイクリング世界会議（主催は英国）が開かれた。リサイクルの技術や政策に携わる米国、英国、フランス、ドイツなど主要国が参加し、政府関係者や研究者が論文を発表し交流した。並行して行われた見本市には欧米のメーカーが新しい破砕処理機などを展示していた。日本からはプラントメーカーの社員ら三人が参加し、三菱重工の社員は、通産省工業技術院が機械選別を中心とした家庭ごみの資源再生利用システム開発（スターダスト'80と呼ばれる）に取り組んでいることを発表した。

世界会議があったこの年、環境庁の環境白書に初めて「リサイクル」が登場しているから、

「リサイクル元年」と呼んでもいいかもしれない。いろいろ考えた末に石井が出した結論は、廃プラスチックのリサイクルだった。それにしてもなぜプラスチックなのか――。

プラスチックの生産量は一九五〇年の一・七万トンから六〇年に五五万トン、七五年に五一六万トン、八〇年には七〇〇〇万トンとものすごい勢いで増え、それに伴い廃プラスチックも急激に増えていた。ところが、八〇年に廃プラスチックの破砕施設を持つ処理業者は全国で四七しかなく、千葉県に至っては三業者しかなかった。しかし、石井は将来大きな市場になるとプラスチックに大きな期待を抱いた。

機械に詳しい助っ人の投入

新たに廃プラスチックのリサイクルを始めるにあたって、どの社員にこの事業を任せようかと考えていた石井は、本社にいた堀地章五を選んだ。八〇年春、石井は堀地を呼び出し、「行徳工場で廃プラスチックの再資源化を進めてほしい」と言った。なんで俺なんだろうと堀地は思ったが、命じられるまま行徳工場に向かった。

だが工場に入って驚いた。廃プラスチックからペレットを製造するまっさらな破砕機と押出機があった。つい最近石井が買ってきたという。発泡スチロールの溶融機もあった。半年前に導入され、魚市場の魚箱などを投入し、熱を加えて溶かした後に固めたブロックを造っていた。

しかし排出事業者から引き受ける処理費をキロ五〇円と高めに設定していたために思ったほど調達できず、製造されたブロックは六トンにすぎなかった。これでは工場を開設した意味がない。何とかして本格的な廃プラスチックのリサイクル工場に育てたいと、石井は新たに機材を揃えたのだった。

工場ではリサイクル担当の二人が堀地を待っていた。一人は別の会社からの転職者。もう一人はプラスチックの業界誌の元記者だった。

「これをどう操作したらいいのですか」。堀地が尋ねたが二人の説明は要領を得ない。「俺たち動かし方を知らないんだよ」。二人ともプラスチックリサイクル機器を操作できる専門知識を持ち合わせていなかった。

石井が堀地を指名したのは、機械の扱いに強いというその経歴だった。他の多くの社員同様に堀地も転職組だった。石井の信頼を得てリサイクルに取り組んだ堀地についてしばらく筆を進めたい。石井が考えたリサイクルを、現場で実際に行ってみせたのが堀地だからである。

東京の下町で育った堀地は、工業高校を卒業すると町工場で水道関係の部品の製造に携わった。そこで工作機械の扱い方を習得したが、九年後に思うところがあって会社を辞め、母の実家に近かった岩手県の職業訓練校に入り溶接技術を学んだ。修了すると仙台市のトンネル工事現場に飛び込み、現場作業員として飯場に住み込むようになった。飯場には農閑期の季節労働者が多く、保護観察処分中の若者もいた。若者のまじめさが気に入り、堀地は自分の身につけた知識を惜しげなく彼に与えた。

仙台のトンネル工事が終わると、東北電力のダム工事現場に約一カ月近く出張した。アーチ型のダムの堤体を築く仕事で、機械に詳しい堀地は重宝された。危険な場所での作業を自ら買って出て、いつ崩れるかとひやひやしながら狭い穴の中で作業した。

東北電力のダム工事現場に出張中、仙台市亀岡町の工事現場で、トンネルの貫通記念にゼネコンが詩や安全標語の募集をしているのを知った。「みんなで応募しようや」。それぞれが、思い思いに安全標語や詩を作って応募した。思いがけず堀地の作った詩が優秀賞に選ばれた。〈亀岡の夜の眠りを覚まさぬように　未曾有の金字塔を打ち立てん――〉。賞金の二万円は受賞を喜んでくれた仲間たちとの祝勝会に消えた。

墨田区の実家に戻った時、堀地は二九歳になっていた。ぶらぶらしてちゃいけないと思っていた頃、父の知り合いだった京葉興業の相談役から「人手が足らず募集しているから来てみないか」と誘われた。面会した相談役は「君は石井君がやっているところの方がいいんじゃないか」。機械に詳しいところが石井の求めていた条件にぴったりあっていたからだ。面接した部長が言った。「人手が足りないんだよ。すぐに来て」。こうして入社したが、会社に行って驚いた。営業の仕事をやれというのだ。「技術職じゃなかったのか」。堀地はがっかりした。

市川清掃センターは浄化槽や下水処理施設の清掃、点検などを行う水処理部門（メンテナンス部）と、廃棄物の収集・運搬を行う廃棄物部門（ウエスト部）の二つの分野に分かれているが、堀地は廃棄物の担当となり工場と自治体回りを命じられた。市役所の施設の清掃や点検事業に参加するため、指名参加するための申請書類の束を持って担当課の窓口を訪問した。しかし何をしたいのか、どんな実績がある会社なのかを説明するのだが、入社したてで会社の内容をよく知らないから会話にならない。相手も一体何しに来たんだという顔で堀地を見ている。

役所訪問が終わると工業団地に向かった。工場を一つ一つ飛び込み訪問し、廃棄物を引き取らせてほしいと頭を下げた。そんな日々が一年ほど続くと、ようやく仕事にも慣れ、市役所の職員と平気で世間話ができるようになった。


堀地より先にいた行徳工場の二人は、石井の指示を受けて品質が一定の廃プラスチックを集めようとしていた。汚れがひどかったり、異物が多かったり、単一素材でなかったりすると良質のペレットはできない。石井は後に専門誌にこんな一文を寄稿している。

「ペレットとして商品化するには、単一の樹脂であること、異物の混入がないこと、樹脂のグレードが一定であることなど各種の条件が要求される。ペレットには、原料となる廃プラスチックの状態により、黒色、雑色、白色などのグレードがあり、当然価格も異なってくる」（クリーンジャパン　1985年7月号）。

二人に代わって石井が見つけてきたのが成田空港で使われていた荷物の包装資材だった。運送会社が処分に困っているのを聞きつけた石井はそれを安く買い取ってペレットにできないかと考えた。会社は大乗り気でさっそく契約が取り交わされることになった。

おいおい調達先を増やせばいいと考えていた石井は破砕機と押出機を設置し、募集に応じた先の二人を雇い、この仕事を任せたが、二人は機械の操作ができない。頭を抱えた石井の脳裏に浮かんだのが堀地だった。「機械に強いんだから何とかしてくれる」。

堀地はまず製造機のメーカーの担当者を呼び、手順書を見ながら操作方法を確認していった。集めたシートから異物を取り除き押出機に入れる。加熱しながら練り、糸状に押し出し、冷却して切断するとペレットができる。ところが動かしてみると品質の良いペレットはできない。それればかりかしばらくすると押出機が停止した。スクリュー（羽根）にシートが絡まって動かない。メーカーの担当者に来てもらったが、彼は操作方法を語るだけで解決方法がわからない。

堀地が言った。「この機械を使ってペレットを造っている業者を誰か紹介してくれないでしょうか」。担当者は都内の二社を教えてくれた。

プロの「これじゃだめだよ」

細い道に町工場が幾つも見える。看板に工場らしき名前があるが、バラックのような建物もある。住宅も混在し、金属音も聞こえる。東京都足立区の下町に、堀地が訪れた一社、進栄化成の工場があった。道を隔てて倉庫がある。工場の構内にはフレコンバッグが山のように積まれ、フォークリフトが忙しく走り回っていた。

工場二階の事務所で、会長の進藤善夫が、再生ペレットとそれで造った家電製品の部品を私に見せた。瓶に収まったペレットはきらきら輝いている。

「きれいなペレットですね。バージン（石油からつくった純正品）と変わらない」とほめると、進藤が胸を張った。「そうでしょう。品質の良いものを造るにはノウハウがあるんです。でもこれは企業秘密です」。企業から製品の品質に合ったペレットを依頼され、様々な調整剤を加えて製造している。

石井が処理費をもらって事業者から廃プラスチックを集める廃棄物処理業なのに対し、進藤は工場で製品として出荷できなかった製品や端材を買い取り、それを原料に高品質のペレットや家電・事務機の部品を製造しているいわゆる製造業だ。最近はペットボトルのキャップを集めその収益金でワクチンを途上国に送っている運動団体から頼まれ、キャップを原料にペレットを製造している。

進藤は工業高校を卒業後、化学メーカーで営業の仕事に就いた後、独立してこの仕事を始めた。進藤が語る。「フィルム系の廃プラスチックを買ってきて、造ったペレットを成形メーカーに販売するようになった。当時はプラスチックは貴重品で、バージンだとキロ三五〇円もしていた。キロ一〇〇円で販売したから成形メーカーは喜んで買ってくれた」。

堀地が訪ねてきた日のことを進藤はよく覚えていた。「私と弟、それと社員四人で工場を動かしていた頃でした。成田空港から出たカバーをリサイクルしたいのだがうまくいかない。見に来て欲しいというのです」。

行徳工場にやって来た進藤は機械の調子を見るなり言った。「前処理もしていないじゃないですか。どんどこどんどこシートを押出機に放り込んでどうするんです。細かく裁断し、ある程度均一なものにしないと良いペレットはできません」。そしてこう提案した。「スーパー・グラッシュ・ミキサーを入れたらどうです。うちでも使っているのですよ」。

スーパー・グラッシュ・ミキサーは、組み合わせた鋼鉄製の羽根を高速で回転させ攪拌《かくはん》し、原料を均質に混ぜ合わせる装置のことだ。質の良い再生品を造るために欧州で開発され、進藤は自分の工場に最新型の西ドイツ製の装置を導入していた。破砕した後の廃プラスチックを押出機に送る前に前処理して均一化すれば、品質が均一のペレットができるという。

日本にはない高価なものだったが、そのことを報告すると石井はうなずいた。「仕方がない。

すぐに手配しろ」。進藤はその後も何回も工場に来て、機械操作のテクニックを堀地たちに教えてくれた。廃プラスチックがどのような状態の時にはどんな運転条件でないといけないのか。その経験が体に染みついていた。堀地は言う。「面倒見のいい人だった。それにできたペレットを買ってくれたんです」。

進藤が語る。「行徳工場で作業を見たら、押出機にやみくもに突っ込んでいました。これでは押出機が詰まるのも当然です。ペレットを造るというのは製品を造ることなんだから、ごみ処理とは違う。石井さんにも何回か会ってそのことを言いました。石井さんはよく理解してくれました。若いけれど自分の考えをしっかり持った人だった。プラスチックのリサイクルを進めたいという情熱を感じ、石井さんの造ったペレットを私も買うことになりました」。

進藤の案内で進栄化成の工場に入ると、コンベヤのそばに青色の装置が鎮座していた。進藤が息子を見るような目でながめている。「これが例のスーパー・グラッシュ・ミキサーです。あれから相当の時間がたって、行徳工場で使わなくなったと聞き、私が引き取りました。思い出のミキサーですが、四〇年たったいまも現役です」と誇らしげに語った。

私の目の前でミキサーは音をたてて原料をかき回し、押出機に送り続ける。押出機からそうめんのようなペレット原料の糸が流れ出し、細かく裁断されてペレットに生まれ変わる。その要の役割をミキサーが担っていた。

研究者との出会い

研究者が工場にやってきた

行徳工場は頻繁に起きるトラブルからようやく脱出した。進藤から教えられスーパー・グラッシュ・ミキサーを備えた行徳工場は、困難を何とか乗り越えると、次に新聞配達用の梱包フィルムを調達した。単一の素材を使って再生したペレットの生産量は七九年にわずか七五トンだったが、翌八〇年には六一二トンに増えた。

堀地は主任から係長に昇進し、現場の作業員たちを指示する立場になった。石井は行徳工場で新しいリサイクルに挑戦したいと考えていた。成田空港から調達したシートや新聞の梱包フィルムは単一素材なので再生できる。しかしいかんせん原料の確保に行き詰まっていた。同じような単一素材を集めようとして工場を回っても、有価で買い取る進藤のようなリサイクル業者がすでに市場をつくっており、確保できる量に限界があった。その結果赤字操業が続いていた。

石井はある日、工場に来るとカミナリを落とした。「お前らは俺にいつまで金を使わせるんだ！」。そして新たな方針を示した。ペレットの製造量を増やすには事業者が処理に手を焼いていた廃プラスチックを集めるしかない。それはＰＥ（ポリエチレン）、ＰＰ（ポリプロピレン）、ＰＳ（ポリスチレン）などの複数の素材が混じった複合素材を意味する。それを受け入れて、リサイクルしようというのだ。

　しかし、集めた複合素材をそのままペレットにしたのでは低品質で高く売ることはできない。良いペレットを造るには排出事業者に素材ごとに分別して出してもらうのが良い。しかし、力の弱い産業廃棄物処理業者が排出事業者に「分別してから出してください」と言えるはずもなかった。持ち込んだ廃プラスチックを工場で選別し、単一素材に戻して再利用するしかない。

　堀地らはまずその廃プラスチックがどんな素材からできているのか把握しようと、専門書に当たったり、プラスチックに詳しい会社を訪ねて教えを請うたりした。そして人手を増やして工場の選別の工程を増やし、ペレット製造を始めた。だが、できあがったペレットは満足できるものではなかった。選別したといっても不完全で幾つかの素材が混じるために鬆《す》（空洞）ができたり色がついたりしていた。これでは商品にならない。この工程によるペレットの製造量は八一年度わずか七五トンしかなかった。

　暗雲が行徳工場を覆っていたある日のこと。石井が小柄な男性を連れてやってきた。工場長と堀地の前で男性は武孝夫と名乗った。小野田セメント（現太平洋セメント）中央研究所の主席研究員だった。武は石井と工場長に矢継ぎ早に質問をぶつけた。エネルギッシュな人だと堀地は感心した。この見学は、武が石井に申し込んで実現したものだった。武は東京工業大学で化学工学を学び、研究職として中央研究所で建設材料の開発に取り組んできた。

セメントの主原料である石灰石の粉末は、電力会社向けの排煙脱硫用吸収剤として大量に使われ、同社の主力製品の一つだった。同時に副生される石膏の再利用の開発が武に与えられた使命だった。武はその研究に携わりながらリサイクル全般に研究テーマを広げていた。この武と石井との運命的な出会いが、石井が廃プラスチックのリサイクルにかかわる契機となった。

リサイクルに関心を持った武は、いろいろな人に会って話を聞いて歩いていた。その一人が石井だった。新聞などでアグレッシブな人だと知り、ぜひ会いたいと会社に連絡をとった。気さくな石井はすぐに応じた。石井も大学の研究室を訪ねては、どんな素材がリサイクルに向いているのか熱心に聞き回っていた。

これからの廃棄物処理をどう展開していったらいいのか。真剣な面持ちで武に尋ねる石井の顔を見て、武は「一回りも年下なのによく勉強している」と感心し、工場訪問が実現した。

工場を案内しながら石井が言った。

「いまの廃棄物処理は箱に入れて何でもごちゃまぜで出し、それを燃やしている。これを分別して出せば、次にそれをどう使おうかとなるはずです。それを考えているんです」。

「やはり面白い男だ。力になってやりたい」と武は思った。

石井に誘われ、酒を酌み交わすこと数回。やがて石井が悩みを打ち明けた。

「市川清掃センターをこれからのセンターに育てないといけないと思っています。そのために若くて有望な人を集めています。でも技術職を入れても専門的な知識を教えられる社員がいない。教育を行う環境がありません」。

市川清掃センターの社員は、京葉興業から転籍した人と新入社員の混成部隊だが、大卒者は数えるほどだ。石井は専門的な知識のある理系の大卒を入れ始めていたが、技術者として彼らを育てる環境がなかった。意欲のある社員の学ぶ場はないものかと考えていた。

武が言った。

「よし、意欲のある社員向けの勉強会をやりましょう。月一回僕が講師になって話題を提供します。どうですか」。

喜んで石井が言った。「武先生、ぜひお願いします」。

勉強会の知識と現場

一カ月に一回、夕方から会社の会議室で勉強会が始まった。武が持参したのが「ケミカルアブストラクト」という米国の専門誌。化学関連の特許や専門誌に載った記事が要約され、武はこれで技術開発の動向を探っていた。武は自ら和訳した抄訳のペーパーを配り話題を提供した。もちろん武お得意の化学式も出てくる。どんな物がどのような物性を持っているのか、それを再利用するにはどうしたらいいのか。様々な事例を交え海外の最先端のリサイクルの動きを講義した。もちろん石井もそばで熱心にノートをとっている。講義が一通り終わるとディスカッションに移る。武も生の職場で起きていることを聞き、それを自分の血肉にしていった。

武が別の職場に移るまで、その勉強会は二年間続いた。石井はお礼に武をいろんなところに案内した。飲食店での接待もあったが、武を喜ばせたのは千葉県の最終処分場や建設廃棄物の選別保管施設といった、立ち入って見ることの難しかった処理施設だった。「石井さんについて行くとどこでも見られるんです。千葉県の産業廃棄物協会の副会長として会員の信頼を得ていましたから。全国産業廃棄物連合会会長の太田忠雄さんが福島県で経営するひめゆり総業も二人で訪ねました。私が抱いていた産廃観が変わりました」と武は振り返る。

武とのタイアップで実現したのが架橋プラスチックのリサイクルだった。架橋プラスチックは電線の被覆に使われ、素材はＰＥ（ポリエチレン）。当時は再利用されることなく燃やされていた。これを品質の良いペレットにするのは難しいが、直径三～五センチ大に細かく砕いたチップにし、燃料に使ったらどうかというのが武の意見だった。重油ボイラーで燃料として使うことができる。有害な塩化水素の発生の原因となるＰＶＣ（ポリ塩化ビニル）は含まれず、有効な方法だと石井は考えた。

受け皿になってくれたのが、武が出向したことのある日本石膏ボード社（千葉県市原市）。当時、廃プラスチックを加工して燃料に使う技術は欧州で進み、研究所から欧州に派遣された武が日本にも導入すべしと考えた資源化技術の一つだった。石井は「欧州がどんなものをやっているのか、調べてください」と、武に期待の言葉をかけた。

当時の重油価格は一リットル七五円。それに比べてチップは一キロ一～二円で売却することが決まった。なぜ、こんなに安いのか。廃プラスチックは細かくしないと、補助燃料としてボイラーに使用できない。それに廃プラスチックの燃え方は重油と違うので、それに合ったボイラーに一部改造しないといけなかった。石井はこの廃プラスチックを事業者から処理費を徴収して集めることにした。こうしてやっとビジネスの形になってきた。

燃料にするチップの製造量は八一年度の五〇〇〇トンから翌年は一二五〇トン、さらに次の年は二六八七トンと順調に増えていった。他の手法も含めた廃プラスチックのリサイクルは四〇〇〇トンを超えた。市川清掃センターでは古紙、瓶、缶を集めて選別し売却する事業も手がけており、リサイクル事業を拡大していった。

こうした取り組みがクリーン・ジャパン・センター（ＣＪＣ）から評価され、その推薦を受ける形で八五年に通産省立地公害局長賞を受賞した。石井はＣＪＣの会報に寄せた論文で、感謝の意を表すとともにこう結んでいる。

「廃プラスチックの燃料化はコスト競争力もあり、今後も量的拡大を目指す予定である。また今後は都市ごみの中からの廃プラスチックの分別、利用を考慮すれば、固形燃料化の将来性は十分あると思われる。（中略）廃棄物資源化事業は、まだ新しい分野であり、企業化という面からとらえた場合、幾多の困難な問題が横たわっている。しかし、廃棄物の資源化、有効利用は我々人類にとってつきることのない永遠の課題でもある。当社は、民間企業として技術および社会システムの開発という両面からその可能性を追求していきたいと考えている」。

そしてこの論文で石井は、早くも再資源化についてこんなことを書いている。「再生用資源回収事業にとって重要な点は第一に再生品の品質の安定および向上である。次いで回収品からの資源化製品率、すなわち物質収支が大事な指標となる。物質収支の向上には、排出事業者による回収対象品の管理および協力が不可欠である」。

この初期の段階で石井はリサイクルの本質をつかんでいた。

固形燃料を造る

通産省の補助金を受けてRDFを製造

八六年春、クリーン・ジャパン・センター（CJC）は、通産省の補助金を使い、RDF（Refuse Derived Fuel）と呼ばれる固形燃料を製造するための実験施設を、石井の行徳工場につくった。製造能力は一日六トンと小さい。このプラントは三菱レイヨン・エンジニアリング（現三菱化学エンジニアリング）の製造である。

RDFというと、家庭から出た生ごみも含めた可燃ごみから造った固形燃料のことを指す。だが、石井がここで結果的にたどりついたRDFは、廃プラスチックと古紙から造った最先端のもので、今のRPF（Refuse derived paper and Plastics densified Fuel）に当たる。だがそんな結果はまだ見えない。手探りの状態からのスタートだ。そこに至るまでの道のりは、やはり簡単なものではなかった。

石井がRDFの原料として当初考えたのが、パルパーかす、紙くず、廃プラスチック、木くずであった。これを固めて燃料として使うのだ。パルパーかすは、製紙工場で古紙を製造する過程で排出される廃プラスチックと紙まじりの廃棄物のことで、水分が多くホチキスや鉄線も混ざり、リサイクルに向かないものだ。それで当時の再資源化率は一三％と低かった。廃プラスチックと紙くずの再資源化率も低率で、新たな利用方法の開発が急がれていた。この実験がうまくいって実用化が進めば大きな市場が形成され、市川清掃センターも三菱レイヨン・エンジニアリングも業績を飛躍的に伸ばすことができる。

このＲＤＦを製造する実験施設は、ＣＪＣが企画提案型の募集を行い、各社がコンペで競った結果、石井が獲得したものだった。

それにしても、なぜＲＤＦだったのか――。

廃プラスチックのリサイクルに石井が取り組み始めて六年余り。二度の石油危機を脱したものの、八〇年代に入ると石油がだぶつき、原油価格は低下傾向を見せていた。プラスチックのバージンペレットの価格が原油価格に連動して下落すると、それに歩調を合わせるように再生ペレットも下がった。これでは儲けが出ない。バージンペレットと競合しない手はないものかと石井は考えた。

石井から相談を受けた武は、欧米で普及しているＲＤＦと呼ばれる固形燃料の存在を思い出した。ボイラーの燃料として使われているという。廃プラスチックと古紙を混ぜて固めたものだが、金属などの不純物が混じっていると製品にならない。そのためには不純物を取り除く選別機が必要となる。欧州に出張するたびに、武は廃棄物設備の機械の見本市を見て歩いていた。この選別機の分野では西ドイツ、オランダ、スウェーデンのプラントメーカーの技術が優れており、日本のメーカーが真似できないものばかりだった。

廃棄物をより分けるために、風を送って浮遊速度の差で重量物と軽量物に分ける風力選別機が幾つも出展されていた。今ではごく基本的な選別機と言えるが、当時の日本は国の「公衆衛生」と「適正処理」の方針のもと焼却炉一本槍だったから、リサイクルのための選別機はなきに等しかった。武の勧めで石井は欧州を視察し、進んだ選別技術に触れた。それまで石井は厚生省や通産省を訪ねていたが、先端技術の知識を持つ官僚は皆無に近かった。帰国すると、CJCの公募に応募するから企画書をつくれと社員にハッパをかけた。

石井がこれまで製造していたチップは、電線から銅を取り出し残った被覆から造ったもので、大きさや長さがまちまちだった。これを燃料にすることはできるが、一万キロカロリーと熱量が高く、急激にボイラー内の温度が高くなって管理が難しいという難点があった。それに比べてRDFは形と大きさが一定で扱いやすい。さらに紙と混ざっているので五〇〇〇キロカロリーと石炭並みの熱量に調整でき、ボイラーの操作も容易だ。

武のアドバイスを受け、石井は製紙工場が処理に困っていたパルパーかすを原料に加えることにしたが、選別機の選定がこの実験のカギになることは明らかだった。

プラントの選定に四苦八苦

そこで、石井は、武に頼んで小野田セメントの研究所から専門的な知識を持った研究員を派遣してもらった。そして行徳工場から本社に戻っていた堀地を工場に戻すと、この企画の担当に据えた。堀地と研究員は、全国のメーカーの中で輸入した選別機を取り扱っているところはないかと探した。研究員がセメント会社から派遣されたのは、ＲＤＦが開発されればセメント工場でも補助燃料や原料の一部に利用できるという思惑もあった。石井にとっても販売先が確保できるというメリットがある。石井は小野田セメントの幹部と接触を重ね、話を進めた。

コンペのあった八六年の石井の手帳を見ると、ＣＪＣやメーカーを何度も訪ねている。1月11日「午前10時　クリーン・ジャパン・センター」、同24日「午前9時　通産省工業技術院猪狩先生」、同25日「午後1時　三菱レイヨンエンジ打ち合わせ」、2月2日「午後1時　三菱レイヨンエンジ」、同7日「午前9時　小野田セメント」、同23日「工業技術院」、同26日「荏原製作所」、3月1日「午後6時　小野田セメント武」……。ＲＤＦにかける石井の情熱が伝わってくる。

石井は、幾つかの選別機の中から三菱レイヨン・エンジニアリングがスウェーデンから輸入したＲＤＦ製造用の選別機に決めた。石井の手帳によると、3月28日「午後4時　初運転」とある。石井は実際に同社の工場を訪ね、試運転を見て決めたのだ。それ以外の破砕機や造粒機は、堀地が全国のメーカーを訪ね、石井に報告して選定したもので、造粒機は広島県の会社、破砕機は大阪の会社、乾燥機は静岡の会社といった具合に全国にちらばっていた。

これにもとづき企画書がつくられた結果、コンペで選ばれることになった。八六年三月にプラントが完成し、その後二年半にわたって実証実験が続いた。

実験が終わり堀地がまとめてＣＪＣに提出した「製紙スラッジ等の固形燃料化プラント　実証実験最終報告書」を見ると、実験は苦難の連続であったことがわかる。

二年半で六八件のトラブル発生

この報告書によると、この間に九五〇〇トンの原料を受け入れ、約六割に当たる五八〇〇トンのＲＤＦが製造された。事業の採算性も検討するため実際に販売もした。石井を不安がらせたのが急激な円高の進行と原油価格の急落だった。八二年に一バレル三二ドルの値をつけていた原油価格は八六年に一八ドルに急落、ＲＤＦの販売価格はキロ六円から半分の三円に下がってしまった。

ＲＤＦの原料のパルパーかすは水分を多く含むために、乾燥させるのに大量の重油を必要とした。これでは採算がとれない。そこで実験の後半ではパルパーかすの比率を大幅に減らし、紙くずを増やした。現在いくつかの自治体が製造するＲＤＦは、生ごみを含み、乾燥させるために大量の燃料を必要とする。九〇年代後半厚生省が全国の自治体に普及させようとしたが、燃料費が高くつく上、有機物を含むので扱いが難しく、自治体は頭を痛めていた。二〇〇三年に三重県のＲＤＦ焼却・発電プラントが爆発、死亡事故を起こし、撤退する自治体が続出し廃れてしまった。

一方、石井たちが試行錯誤ののちたどりついた廃プラスチックと古紙から作るＲＰＦは扱いやすく、いまでは一五〇以上の事業者が年間一〇〇万トン以上製造している。石井はそのパイオニアだったといってよい。

しかし行徳工場で実験していた頃はトラブル続きだった。製造機が故障したと連絡を受けた石井は気が気でない。そのたびに工場に駆けつけ、堀地らが修理するのを見守っていた。

堀地が書いた報告書によると計六八件のトラブルが発生し、延べ一一九日に及んだ。

例えば、八七年一〇月二三日　2号造粒機故障（8日停止）詰まりによる加熱　分解、点検し部品交換／一一月二日　1号造粒機故障（3日停止）以下同じ／一一月一四日　貯槽取付ボルト破損　全ボルト点検しシメ付調整、部品交換／一一月一七日　1号造粒機故障（3日停止）詰まりによる過負荷　分解、点検し内部清掃／八八年八月二〇日　乾燥機払出コンベヤ故

障　詰まりによる過負荷変形　変形修理サーマル交換／八月二二日　貯槽分散スクリュー破損
分散スクリュー入口詰まりによる破損　分散スクリュー、輸送コンベヤ点検し整備／九月六日
1号造粒機（4日停止）詰まりによるグリスボルト破損　分解し点検整備、部品交換――。

こうした経験をへて、行徳工場は運転と修理のノウハウを身につけていき、メーカーも改良を加えた。報告書はこう締めくくっている。

「新規プラントにつきものの各種トラブルに直面した。その都度プラントメーカーとプラント運転管理者が原因と処置、対策を協議し解決を図って来たこともあり、運転計画には特に影響を及ぼさず実験を終了した。したがってプラントは概ね技術的な面については基本的に問題点を洗い出し、適切な対応を図り、克服して来たものと考える」。

この報告書を堀地は退職した今も大切に保管している。「だって苦労して私が書いた思い出の報告書ですから。捨てることなんかできません」。

「市川環境エンジニアリング」に社名変更

RPFの製造を始めた同業者や研究者、国・自治体関係者が見学に殺到した。八六年五月には、来日したフランスの全国清掃協業協会の一行が行徳工場を視察した。午前中一時間半にわたって工場を案内した石井の満足げな顔を工場の社員らは覚えている。

こうして時代を切り開くパイオニアとして躍り出た石井は、父峯吉からもらった市川清掃センターの社名を変えることを決断した。

フランスの一行が視察した二カ月後の七月一日、新聞に大きな広告が載った。

「トータルクリーンライフをめざす　株式会社市川清掃センターが7月1日変わります」。その下に説明書きがあった。「大きな飛躍をする時が来て、今日、『市川環境エンジニアリング』と社名変更し、出発することになりました。常に環境保全を中心にメンテナンス、リサイクル、廃棄物処理を考え、広く活動してまいりましたが、動脈産業に対し、静脈産業を大きな目で捉え、飛躍しなければならない時期にきたと考え、ここに環境におけるあらゆる全サービスを受け入れられるアメニティエンジニアリング社として、新たに前進します」。

名前は、社内だけでなく取引先にも公募し、最後に石井が決めた。エンジニアリングとは「科学技術を応用して物品を生産する技術。またそれを研究する学問。工学。工学技術」（大辞林）のことで、当時はやり言葉になりつつあった。廃棄物処理業とは排出された廃棄物を運び処理して終わりではないという石井の決意が読み取れる。

市川清掃センター

第三章

何でも一番がいい

「ごみ屋」と言われて

「ネクタイをして出社しろ」

千葉市にある有限会社丸十トラック運送店の社長を務める荒井孝雄は、以前行徳工場で製造するRPFの原料の調達を担当したことがあった。工場回りをしていた時のこんな経験が今もよみがえるという。

「『ごみ屋に用はない。帰れ！』と何回言われたことか。『ありがとうございます。困ったことがあったら御一報をお願いします』と言って帰るのですが、廃棄物処理業は産業として認められていないのかと思うと悔しかった。こんなこともよく言われました。『ごみを持って行くのに、何で金を払わないといけないんだよ』。廃棄物の処理にお金を払うという意識が経営者にまるでなかったのです。もちろん感謝してくれる人もいましたが」。

石井はいつもぱりっとしたスーツで出社した。石井は社員たちに会社の負担でスーツをつくらせた。「人と会う時はちゃんとした身なりでなきゃいかん」が口癖だった。会社に来るときは、現業の仕事でも、ネクタイをしての出社を求めた。人から後ろ指を指されたりバカにされたりするような存在ではいけないというのだ。

世間の冷たい風

しかし、世間の廃棄物処理業者に向ける目は石井にとって耐え難いものだった。こんなことがあったと、木下光生が回想する。

石井社長を車に乗せ、木下と同僚の三人で、都内の建設現場を訪ねた。プレハブ小屋に現場監督がいた。石井社長が持参した資料を見せて会社の概要を説明した。すると、社員の一人が口を開いた。

「なんだ、ごみ屋か。うちはごみ屋とは取引しない。とっとと帰ってくれ」。

石井が頭を下げた。「何かあったらよろしくお願いします」。

駐車場に戻り車に乗り込んだ。後部座席に座った石井は押し黙っている。市川市の会社に戻るまで、誰も口を開くことはなかった。

「声なんかかけられません。悔しくて、悔しくて。くっそー、今に見ていろゼネコン野郎……。こんな思いを二度と社長にさせてはならないと思いました。浄化槽の清掃に携わって知ったことなんですが、人間には二通りあると。一つは、『よくやってくれますね』とねぎらってくれながら、帰る時に振り返ると、汚らわしいと思ったのか手を一生懸命洗っている人。もう一つは、お前たちよくそんな汚い仕事をしているなとさげすむ人。今ならとても考えられないことですが、当時はそんな感じでした」。

市川清掃センターという名前に石井は特別の感情を持っていたようだ。石井が残した大量のアルバムがある。その中に市川清掃センターの社内旅行の写真もあった。旅館の宴会場で石井が社員らと笑顔でたわむれる写真。コンパニオンと談笑する写真。カラオケに興じる写真。みな和気あいあいだ。ところが旅館の玄関に掲げた表示板と歓迎の横断幕は、なぜか「市川センター」となっている。清掃の字がないのだ。どの社員旅行の写真もそうだ。なぜか。

あるOBが明かしてくれた。「石井さんは清掃という言葉を嫌っていたんです。清掃という と、ああ、あの人たちねと思われるのが嫌でたまらなかったんだと思います。でも社名は峯吉さんがつけたから替えるとは言い出せない。峯吉さんが亡くなって三年たち、社名を市川環境エンジニアリングに変えたのでしょう。それはこだわりを持っていた清掃事業からの脱皮だったのかもしれません」。

市川環境エンジニアリングに社名を変えると、石井はその名前に恥じない仕事をしようと社員たちに訴えた。毎月第一月曜日に朝礼を行い様々な話をした。弁舌巧みとは言えなかったが、仕事のことに限らず、その日の新聞に書かれてあったこと、歴史のできごと、地域の話題も交えた話は話題豊富で、社員らを飽きさせることがなかった。

大規模テーマパークの受注に成功

大規模テーマパークの処理事業を取る

石井が業界内でその名を知られるようになったのは、ある大きなテーマパークとの契約を勝ち取ったことにあった。固形燃料ＲＤＦの製造を手がける少し前の一九八〇年代に入ったころだった。

やがて東京湾沿岸に大規模テーマパークが開設した。開園以来大盛況で年間一〇〇〇万人以上の入場者を記録した。夜のアトラクションが終わると入場者たちは続々と家路に急ぐ。喧噪な会場はひっそりと静まりかえる。それからが市川環境エンジニアリングの社員たちの腕の見せどころだ。場内から集められた廃棄物は、構内にある事業所に持ち込まれていた。社員は、可燃ごみを次々と焼却炉に投入し始める。炉に火が入り処理が始まった。選別したうち金属類、古紙など有価で売却できるもの、最終処分場に送る不燃ごみと、てきぱき分けられていく。

テーマパークから出た廃棄物の大半は入場者が出したごみで、これは事業系一般廃棄物だから市町村に処理する義務が生じる。しかしテーマパークのある自治体の焼却施設に搬入できないため、すべて石井の会社で一括処理していた。構内で作業する時間は閉園後の夜の一〇時から開園する翌朝の九時までである。ごみの焼却を来場者に見せるわけにはいかないからだった。一日数万人の入場者が排出する大量の廃棄物をどう処理するかは、テーマパークの建設を進めていた会社にとっても大きな問題だった。出てきた廃棄物を処理してくれる業者が必要だが、それをコンペで決めることになった。

小さな会社でしかなかったのに石井はどうしてこのコンペで契約をとれたのか。その経緯を見たい。

コンペの話を聞きつけた石井は、がぜんやる気を出した。当時の石井の会社の規模は年商約一〇億円。社員は嘱託を含めても一〇〇人ほどにすぎなかった。しかし、事業を開始した七二年度の売上は五三〇〇万円しかなかったのが、七五年度には二億八〇〇〇万円、七八年度は六億二〇〇〇万円と急カーブを描いていた。浄化槽の清掃を中心にしていた事業は、自治体の下水処理施設の維持管理事業に進出し、さらに産業廃棄物や一般廃棄物の収集・運搬を広げ、会社は急成長の途上にあった。

「社員が一丸となってとってくるんだよ」

会社がさらに飛躍するためには、誰もが知っている大型案件を受注することが必要だと石井は考えた。廃棄物の管理業務に成功すれば多くの排出事業者から注目を浴びる。信頼される企業として認知されるために、社員が一丸となってやらねばと思った。

社員を集め、「絶対にコンペに勝って契約をとるぞ!」とラッパを吹いた。営業部長を連れてテーマパークの建設現場にあったプレハブ小屋に日参した。そして会社の理念を熱っぽく語った。

コンペは処理料金だけではなく、テーマパークから排出される廃棄物をどのように処理するかも選択肢に入れ、企画書を出して競うことになっていた。テーマパークの片隅に設置したごみステーションにごみを集め、可燃ごみは民間の処理業者に、不燃ごみは最終処分業者に引き渡すというのが通常のやり方である。でもそれでは勝てない。そこで石井は廃棄物処理の一括管理を提唱した。

テーマパークの中で瓶、缶、古紙などは資源として業者に売却し、残った可燃ごみはテーマパークの敷地内に焼却炉を設置、焼却する。そして灰と不燃ごみは民間の処分場に搬出するというものだった。

焼却炉をテーマパークの中に造るというのは斬新な発想だった。テーマパークのある自治体の所有する焼却工場は一日一二〇トンのごみを燃やす能力しかなく、家庭ごみの処理だけでも四苦八苦していた。人口は七五年から八一年にかけて二倍に膨らみ、テーマパークのごみ処理どころではなかった。市が受け入れられないならここに造ればいいじゃないかと石井は考えた。逆転の発想である。

例えば年間一〇〇〇万人が来場し、仮に一人一キロのごみを出すとすると、一日約二七トンのごみが出る。これを可燃ごみとして燃やすとなるとそれなりの大きさの焼却炉が必要となるが、分別を徹底すればもっと小さな炉ですむかもしれない。石井が行徳工場で始めた選別と廃プラスチックのリサイクルの実践がこの発想を生んだ。

石井の側近の部長を中心に具体策を練り、企画書をつくった。焼却施設は大事をとって一日に三〇トン燃やせる規模にし、建設費を見積もると一〇億円になった。それは会社の一年分の売上に匹敵していた。コンペには商社やプラントメーカーも含め一五社ほどが参加したが、リサイクル重視の一括管理による方式を唱えた石井がコンペに勝った。テーマパークの幹部に「企画の内容がよかった」とほめられた。四月中旬に開かれたオープニングセレモニーに晴れ晴れとした石井の顔があった。

契約がとれたのには、石井家がかつて塩田の経営者であり、その土地の売却が縁でテーマパークの会社の大株主である不動産会社も一目置く存在だったという事情も手伝っていたかもしれない。石井の手帳を見ると、その会社の幹部を接待しているが、それだけで石井が契約を勝ち取れたとも思えない。

石井が予期した通り、思わぬ副産物が舞い込んだ。大手企業が聞いてきた。「契約をとれた経緯を教えてくれませんか」。三菱商事、新日本製鉄（新日鉄、現日本製鉄）、鹿島建設……。それまでまったく知られていなかったわけではないが、一目置かれる存在になったのだ。「うちはまだちっぽけな会社にすぎないが、巨大企業のビジネスパートナーになれるチャンスが与えられた」と石井は喜んだ。

出てきた廃棄物をどう処理すると最も合理的なのか、プランニングして排出事業者に提案し、一括管理する。エンジニアリング社の原型ができつつあった。

動脈産業からの働きかけ

その頃、米国の巨大廃棄物処理企業を日本に誘致する動きがあった。石井によると二つの流れがあったという。一つは米国最大のウエストマネジメント社に日本法人を設立させるための企業グループで、三菱商事、新日鉄、日本鉱業（現ＪＸ金属）の三社が勉強会を開いていた。これはＡグループと呼ばれていた。もう一つは米国の二番手のブラウニング・フェリス・インダストリーという会社を対象とした鹿島建設、日本興業銀行、日商岩井の三社で、こちらはＢグループと呼ばれた。八〇年代から九〇年代にかけての石井の手帳を繰ると、これらの大企業の名前が頻繁に出てくる。定期的に勉強会と称する会合に出席していたのである。
結局、進出の話は日本の許認可行政が大きな壁となって立ち消えになるのだが、石井は専門誌のインタビューでこう語っている。

「それが後の（株）かずさクリーンシステムや（株）都市環境エンジニアリング、（株）エム・エム・プラスチックの設立につながったのです。まさしく人脈によってできた事業です。（中略）過去を振り返ってみますと、①『面』の許認可、②異業種とのアライアンスとコラボレーション、③再生素材や新エネルギーの供給といった具合に、一〇年タームで変わってきたことになります。あんまり先は大変ですが、半歩ぐらい先がちょうどいいのかもしれません」（環境施設　２００９年　１１８号）。

要は、国や大手企業との信頼関係をこの業界でいち早く確立し、国内で協力し合う環境ビジネスの態勢を整えてきたのだ。
ちなみに「かずさクリーンシステム」は、新日鉄と鹿島建設の子会社、市川環境エンジニアリング、千葉県の君津市など四者が出資して造った会社で、焼却施設で四市の家庭ごみと産業廃棄物の焼却処理をしている。

ゼネコンからの提案

一九九二年石井は、ゼネコン大手の鹿島建設から提案を受け、同社の子会社エムコ（現鹿島環境エンジニアリング）と合弁で都市環境エンジニアリングを設立した。資本金五〇〇〇万円の会社で半分ずつの出資だった。鹿島建設は受注して建設したビルの管理を請け負うことができる。中堅企業になったとはいえ、資金力に劣り大きな事業の展開が難しい石井にとっても大手企業との協業はメリットがあった。

石井は数人の廃棄物のエキスパートを送り込み、鹿島から派遣された社員に廃棄物とは何か、どう扱ったらいいかを一から教えた。こうして都市環境エンジニアリングは大型の複合施設などを受注し業績を伸ばしていく。

石井もビルの廃棄物管理に力を入れようと、八五年に東京支店を開設した。そして二三区内のビルから出た廃棄物管理の受注に力を入れた。しかしお互い競合することはある。そこで両社がバッティングした時は、どちらが先に営業をかけたか早いもの勝ちで決めるとした。

悔悟

しかし石井は万能ではない。失敗もあった。バブル経済が終わろうとしていた頃のことだ。

会社の社長室は三階の企画室と壁を隔ててある。石井に指示している声が、壁を通して聞こえてきた。「土地だ。土地を買うんだよ。買うならいまだ！」「土地を回せば金になるんだよ」。その人物が帰った後、石井は企画室にいた木下を呼び出した。「木下君。土地を探してくれ」「はあ？」「全国を回るんだ」。

木下が振り返る。「それこそ北海道から九州まで各地を探して回りました。産業廃棄物の焼却施設の設置にふさわしい土地があると聞きつけ、北海道苫小牧東部、青森県、奄美大島に行ったこともあります。やがて茨城県神栖市の土地を買うことになったのです」。

その土地は約七〇〇〇坪あった。バブルの時期だっただけに一〇億円以上する高価な買い物だった。石井は当時三菱商事から一緒に事業ができないかと相談されており、何社かと協力して焼却施設を造る計画を温めていた。土地はそのための先行投資だった。

だが、それは空振りに終わった。焼却施設を造るには県の指導要綱にもとづき周辺住民の同意を必要とした。そこで土地を買った後地域住民を回って同意を求めようとしたところ猛反発を食らった。実はこの地区は、かつてあるメーカーが焼却施設を造ろうとして住民から猛反対されて、断念したいわくつきのところだった。土地を仲介した不動産会社はそのことを市川環境エンジニアリング側に伝えていなかった。調査不足を後悔した石井は、後に安い値段で土地を手放すことになった。

世界初のフロン破壊処理

オゾン層を破壊するフロン

石井がＲＤＦやテーマパークの次に目を向けたのはフロンだった。

フロンは冷蔵庫やエアコンなどの冷媒、半導体や精密部品の洗浄剤として使われていた化学物質で、七〇年代に「紫外線から地球を守っているオゾン層が破壊され、規制しないと手遅れになる」との指摘が、米国のローランド博士からなされた。警告を無視したメーカーはフロンを製造し続けたが、一九八四年に南極でオゾンホールが発見され、予想以上のスピードでオゾン層の破壊が進んでいることがわかった。当時家庭から出た廃冷蔵庫や廃エアコンは、自治体が回収し埋め立て処分していたが、フロンの回収は行われず、フロンを使う工場も野放し状態だった。

しかし、八七年にカナダで開かれた国際会議で、「オゾン層を破壊する物質に関するモントリオール条約」が締結され、特定のフロンの削減スケジュールを定めた「モントリオール議定書」が採択された。日本もそれを守るため、翌年オゾン層保護法を制定し、生産と消費に規制がかかった。さらに九二年にブラジルのリオデジャネイロで開かれた国連環境開発会議（地球サミット）で、地球温暖化を防止するための気候変動枠組条約が締結され、温室効果ガスの排出抑制に向けた動きが具体化していく。二酸化炭素に比べてフロンの排出量は少ないが、二酸化炭素の数百倍から一万倍以上の温室効果がある。そこで各国がフロンの回収・破壊を進めることになった。

石井はこうした世界の動きを敏感に感じ取っていた。自治体では冷蔵庫などを解体する前に、業者に頼んでフロンを回収しボンベに溜めて保管してもらう動きが出ていた。しかし、破壊処理の技術がないので溜まる一方である。石井はそれをビジネスチャンスととらえた。

フロン破壊の技術を開発

破壊処理については、幾つかのメーカーが新しいビジネスを狙って装置の開発を急いでいた。新日鉄もその一つで、九〇年に東京電力、通産省工業技術院など六者と共同研究グループをつくり、高周波プラズマを使った研究を始めていた。フロンをガス状にして高周波プラズマに吹き込み、フロンを分解することからプラズマ方式といわれる。研究ではプラズマ出力の設備を段階的に大きくし、一〇〇キロワットの設備で九九・九九九九％以上の分解率のめどをつけたところだった。

しかし、破壊処理プラントを販売するにしても、フロンが継続的に処理できるかを確認する研究段階から、一歩進んだ実証実験を行う必要があった。新日鉄の開発状況について情報を得ていた環境技術部長の大山長七郎は、石井に「実証実験を一緒に行う会社を探しているようです。うちで受けませんか」と持ちかけた。大山は新日鉄から出向していた人物で、新日鉄の環境分野の情報に通じていた。破壊するフロンを自治体から集めてこないといけない。それができるのは廃棄物処理業者しかなかった。大山の情報に石井は飛びついた。

九四年一月。石井は本社の会議室で開いた幹部会議で明かした。「オゾン層を破壊するというのでフロンが問題になっている。そのフロンの破壊の実証実験を新日鉄と一緒にやることになった。みんなも協力してもらいたい」。そして大山をこの実験の責任者に指名した。やがて日本フロンガス協会（現日本フルオロカーボン協会）と日本電子の参加も得て、ＣＪＣからフロン破壊処理技術の研究開発事業を受託することが決まった。

新日鉄と市川環境をつなぐ

担当となった大山は、八〇年代に新日鉄からＣＪＣに派遣され、リサイクルの先進的な取り組みを探しに全国の企業を回ったことがあった。その頃、行徳工場でプラスチックのリサイクルに取り組む市川環境エンジニアリングを訪ね、石井と会った。「当時からリサイクルにかける意欲の高い人だと感心した」と大山は語る。

新日鉄の君津製鉄所に戻った後も千葉県産業廃棄物協会を訪ね、会長でもあった石井と何度か会っていた。そのことを知っていたのか、八九年五五歳を迎えた大山に、上司が「君は環境が専門だから、市川環境エンジニアリングに行ってくれないか」と出向の話を持ちかけた。「新日鉄という巨大会社に比べたらちっぽけな会社だが、不満を感じるどころか、逆に期待を膨らませた」。のちに大山はそう語っている。

ところで、新日鉄から技術者を出向の形でもらう仕組みは、その少し前から石井の発案で始まっていた。巨大テーマパークとの契約に成功した石井に新日鉄が注目して以来、君津製鉄所の廃棄物処理の仕事を受けたりしていた。「廃棄物処理のセールスをした際、仕事を受ける代わりに出向者の受け入れが条件になった」と言うOBもいるが、石井は力のある技術者に来てもらい、社員を教育する役割を担ってもらいたいと思っていた。巨大企業で様々な部署を渡り歩き、知識と経験を蓄積してきた技術者から学ぶことは山ほどあった。

実証実験始まる

フロンの回収・破壊の実証実験に約五億円かかり、うち三億五〇〇〇万円はCJCを介しての通産省の補助金だった。九四年秋に行徳工場にプラントが設置された。破壊施設は、高さ五メートル、縦七メートル、横一〇メートル。真ん中に反応炉があり、フロンと水蒸気の供給装置、プラズマ発生装置、排ガス塔、活性炭吸着槽、排水処理槽がその横に並ぶ。

行徳工場にフロンの入ったボンベが届き始めた。千葉市など千葉県内はもとより、兵庫県や岡山県からも続々と届いた。当時自主的にフロンを回収していた自治体は約三〇〇を数え、この実証実験が新聞やテレビで報道されると、自治体から届けられるフロンのボンベはさらに増えていった。

フロンは炭素、水素、フッ素、塩素の原子が強く結合した物質で、フロンと水蒸気を混ぜたガス状にし、一万度の高温のプラズマ中で加水分解させる。最後に塩化カルシウムを加えてホタル石にし、再生資源として利用できる。この施設は一日五〇キロの破壊処理能力があり、冷蔵庫だと約二四〇〇台分になる。

一二月、石井らが見守るなか、プラントがうなりをあげて始動した。フロンが分解しているか確認するために、大山が反応炉にある小さな窓からのぞくと、「プラズマフレーム」と呼ばれる「赤い炎」が見えた。分解が進んでいる証拠だ。拍手がわき起こった。

トラブルを乗り越えたが

ところが、間もなくトラブルが起きた。大山が言う。「フロンが破壊装置の中にうまく流れてくれない。ポンプの圧力が弱くて途中で詰まってしまう。ようやく解決すると、今度は装置に不具合が出ました。満足できる数値が出ないと、装置を止めてチェックしました」。

大山は反応炉の窓からのぞき込み、「赤い炎」が見えるかどうか確認し、分析器でフロンが残留していないか測定した。九九・九九％以上破壊しなければならないので、微量のフロンの測定は難しかった。石井は行徳工場にふらりとやってきては、大山の隣で反応炉の窓を心配そうにのぞき込んだ。信頼性が確保できれば事業を始めたいと石井は考えていた。新日鉄はフロン一キロの処理コストを五〇〇～六八〇円とはじき、設備規模の割に処理能力が高いことをアピールしていた。

行徳工場で実験が始まった翌年、フロン破壊施設の責任者として原田勝典、工場全体の事務処理を行うため、土田岳史が行徳工場に配属された。

二人が行徳工場に配属された時、プラントはトラブルの真っ只中だった。プラズマを発生させても、フロンの分解を示す「赤い炎」はすぐに消える。新日鉄の技術者と大山は対応策を毎日議論していた。「最初の頃、一カ月のうち稼働していたのはごく短時間ではなかったか」と土田は言う。土田は、大学のゼミの教授が石井の部下の豊田と知り合いだったことから薦められて入社を決めた。その面接試験が面白かったという。面談した総務課長が、「私は会社のいいことも悪いことも正直に言います。入社してこんなはずではなかったと言われるのは嫌だから」と言って、あけすけに体験を語った。その課長に好感を持って入社を決めたのだった。その二年後に行徳工場に移った土田を迎えた工場長が、面接した時の総務課長だった。工場長は、工場で働いていた非正規扱いのブラジル人らを正社員にするよう石井に掛け合うような人情家だったという。

やがてプラントが安定して動くようになると、土田は、工場は見学者の応対に追われるようになった。通産省など国の役人や自治体の職員、研究者、国会議員、市民団体が続々とやってきた。観光バスで乗り付ける団体も多く、多い時は一日三組の団体がきた。案内役が土田の主な仕事になってしまった。

欧州から視察団が訪れた時は石井が応対した。石井はフロンの破壊だけでなく、一緒にRDFの製造装置を見せて宣伝した。石井が言った言葉を土田は覚えている。「この装置を海外に売りたいと思うんだ。RDFを海外で製造してもいいじゃないか」。

石井は、お昼時になるとしばしば行徳工場にやってきた。その頃工場事務所では、社員のためにみそ汁をつくって社員にふるまっていた。手づくりのみそ汁をみんなで分ける。その和気あいあいの雰囲気を石井は好んだ。来る時は必ずサンドイッチを持参した。口に放り込み、そしてみそ汁をうまそうに口にし、そして社員たちに夢を語った。

大山も頻繁にやってきた。背が高く、背筋がピンとしているので見栄えがする。見学者にわかりやすく説明してくれると評判がよかった。作業に携わる社員にも「これはどういう原理かというと……」と、親切に教えた。

それから二〇年以上たって、石井はベトナムのハノイにＲＰＦの製造工場を造った。そして製造したＲＰＦを固形燃料として製紙工場などに販売するようになった。この時の夢を実現したのである。

コストで負けたプラズマ方式

九五年夏、七二時間の連続運転を行い、九六年三月にこの実証実験は無事終わったが、続いて液体フロンのＣＦＣ11の実証実験に移った。先の実験に使ったフロンは気体だが、ＣＦＣ11は沸点が高く液体として存在している。気体と同様に分解できるか、プラントに新たな装置をつけて調べた。この実験も分解できることを確認し、九八年三月に実証実験は終了した。

石井はこのプラントを買い取り、事業を展開しようとした。この高周波プラズマ方式は分解率が高く、優秀な成績をおさめたが、実証実験用のプラントだったのでオーバースペックで、コストが高かった。すでにフロン破壊の技術が進み、コストの安い廃棄物焼却施設やセメント製造施設が破壊処理に成功し、国のお墨付きを得ていた。コストで太刀打ちできないプラズマ方式はあっという間に時代遅れとなった。引き取ってから六年後の二〇〇四年三月、施設は廃止され、事業の伸展はかなわぬ夢となった。石井がこの技術に注目した頃、フロンの放出は野放しだったが、法律で放出が禁止され、フロンの回収・破壊の仕組みができると、低コストの技術開発が加速した。石井は時代の先を少し走りすぎていたのかもしれない。その後、日本経済新聞でリサイクルの難しさについてこう述べている。

――リサイクル商品普及のために何が必要か

石井「もとの商品と比べまだ割高感があり、市場も確立していないため、まだまだ利用されていないのが現状だ。各公共施設で優先的に使うなど、自治体が市場を拡大する政策をとって欲しい。それにはリサイクル商品の標準化　規格化などルール作り、消費者に受け入れてもらい環境を整えることも重要だ」（1994年4月14日付　千葉版）。

要は、環境に優しいリサイクル製品を開発しても、それを使ってくれる市場がないから一向に広がらない。だから、もっと国が積極的に使用拡大に努力し、リサイクル社会を引っ張ってほしいと訴えているのである。実は石井が指摘したリサイクルをめぐる制約は、その指摘から四半世紀たってもあまり変わっていないのである。

フロンで失敗した石井だが、しょげている暇はなかった。石井がこの研究開発の中で注目していたのが廃家電そのものだった。廃家電のリサイクルの時代が始まろうとしていた。

家電の解体実験

家電の処理に困った自治体

自治体が処理に困っていたフロンの回収と破壊処理に、石井が先導して取り組んでいた頃、自治体がフロン以上に困っていたことがあった。家電製品そのものの処理である。フロンは冷蔵庫とエアコンといった家電製品に断熱材として利用される物質だが、自治体は廃家電を粗大ごみとして収集し、破砕して埋め立て処分していた。破砕機を持たない市町村はそのまま埋め立てていた。破砕した後磁石で鉄を回収していた自治体もあったが、家電製品がどのような素材から構成され、どのような有害物質が含まれているかもわからず、リサイクルするためのノウハウも持ち合わせていなかった。それで廃家電の大半が埋め立てられ、処分場の残余年数を短くしてしまう要因となっていた。

自治体は、処理が難しい家電製品をなぜ自分たちが引き取り処理処分しなければならないのかと不満を募らせた。粗大ごみで出す際に市町村に手数料を払うのを消費者が嫌がったのか、家電販売店の遵法意識が乏しいからなのか、廃家電の不法投棄は各地で頻発し、家電製品の普及とともに増えていった。不法投棄された廃家電の後始末をするのも自治体の仕事だった。八〇年代以降、急速に増えた家電量販店が、消費者の買い替えの際に無料で廃家電を引き取り、処理業者に処理を委託する試みが始まってはいた。しかし処理費が高騰し、消費者から費用を徴収する家電量販店もあった。まちまちのルートで廃家電が処理されていたが、その流れは不透明で販売店はもとよりメーカーも責任を負うこともなかった。

そこで厚生省は、九一年に廃棄物処理法を改正し、「適正処理困難物」の指定制度を導入した。適正に処理することが難しく、自治体の手に負えない廃棄物を指定し、自治体がメーカーなどに回収の協力を求めることができるようにした。後に大型の冷蔵庫とテレビ、タイヤ、スプリングのマットレスの四品目が指定され、メーカーでつくる家電製品協会は、各地に処理センターを設置して自治体に協力する姿勢を見せた。しかしすべての廃家電の処理に責任を持つわけではなかった。

一方厚生省の法律改正と同時に、通産省が所管する再生資源利用促進法（通称・リサイクル法）が制定された。資源の有効利用と廃棄物の発生の抑制を図るために、製紙業やガラス製造業などを特定業種に指定し、古紙やカレットの利用を求めたり、自動車や家電、スチール缶、アルミ缶、ペットボトルなどの製品を指定し、分別し、回収できるように材質の表示を求めたり、事業活動から出た副産物を再生資源として利用するよう企業に求めている。

これは日本の縦割り行政を反映していた。日本では廃棄物の処理・処分は厚生省が所管する廃棄物処理法のもとで行われ、廃棄物を排出する事業者や処理業者に様々な規制が加えられている。しかし、生活環境を悪化させたり環境汚染が起きたりしないよう適正処理することが目的で、廃棄物から再生品を造るリサイクルの観点はなかった。

石井が行っている廃プラスチックのリサイクルは製造業と呼んでいいものだが、廃棄物処理法は様々な規制を加え、リサイクル法も企業に再生品の利用やごみになりにくい製品づくりを促すにとどまっていた。肝心のリサイクル産業を振興しようという姿勢は、厚生省にも通産省にもほとんどなかった。そんな現実の中で、石井はリサイクルに取り組んでいたのだが、市場は一向に広がらず、見通しは決して明るいものではなかった。

そんな石井に力強い援軍が現れた。地球環境という時代の波と海外からの黒船の来襲である。九二年に開かれた地球サミットでは「持続可能な開発」がうたわれ、地球規模の行動計画「アジェンダ21」が採択された。限りある資源を有効に利用するために、資源を再利用し、循環させるという資源循環社会づくりがスタートした。さらに日本では地球サミットに勢いづけられた環境庁が環境基本法を制定、経団連も「地球環境憲章」を制定し、自主行動計画に取り組むようになった。この憲章には、製品の設計段階から廃棄の時に環境負荷を減らすように配慮したり、リサイクルで資源の有効利用を図ったりすることがあげられていた。

石井が願っていたリサイクル社会の風が吹いてきた。これまで欧州の先進的な施設を訪問して「日本もこうでありたい」と思ったことが、ようやく実現に向かいそうである。

九一年ドイツで製造者の責任で家庭から出た容器包装の回収・リサイクルが始まった。間もなくフランスも続いた。プラスチック容器のような処理の難しいものを製造者の責任で回収・リサイクルする仕組みが欧州諸国に広がると、家電製品の検討も始まった。この問題は発足したばかりのEU（欧州連合）の委員会で話し合われた。家電と電子機器全体を対象とする案にメーカー側が抵抗し随分もめたが、二〇〇一年に当初案から大きな変更もなく、廃棄時に消費者から処理費を徴収しない方式で合意した。家電製品に含まれる有害物質の規制と合わせてEU指令が出され、各国は慌ただしく実施に向け国内の整備を進めた。

こうした動きに慌てたのが日本である。厚生省は容器包装リサイクルの法制度を検討するため、九〇年に職員をドイツとフランスに派遣して情報を収集した。「これまで通り自治体がやればいいじゃないか」と消極的な通産省を説得し、九五年に容器包装リサイクル法の制定にこぎつけた。それが終わると廃家電のリサイクルが待っていた。欧州諸国が動きだすのを指をくわえて見ている時間はなかった。

これは一貫してリサイクルに取り組んできた石井に大きな追い風となった。それまでいくら石井がリサイクルの重要性を唱えても、焼却と埋め立てによる「適正処理」にとらわれた厚生官僚の固い頭を変えるのは容易なことではなかった。片や通産省も理念は理解してくれても動脈産業重視の姿勢は変わらなかった。家電メーカーで構成する財団法人家電製品協会が廃家電リサイクルの実証研究の公募をしていることを知った石井は、社員に企画書をまとめるよう指示した。

家電製品協会から委託され、実証研究へ

石井は、家電を全国から集め、廃冷蔵庫からフロンを回収・破壊し、残りの廃家電を解体、リサイクルする処理事業ができないかと考えていた。

九五年六月に家電製品協会から「廃冷蔵庫フロン回収実証研究」の受託に成功した。この事業は船橋市にあった兼松環境の敷地を借りて行われた。廃冷蔵庫の破砕機が設置され、集めてきた廃冷蔵庫から冷却用の冷媒フロンを回収する。ボンベに詰めて行徳工場に運び、最新の装置でフロンを破壊処理する。廃冷蔵庫はドイツから取り寄せた破砕機に投入し破砕する。その過程で断熱材に含まれたフロンを活性炭で吸着し、それも処理する。冷媒フロンの回収までは自治体や多くの業者ができるが、断熱材に含まれたフロンの回収をやれるところはほとんどなかった。何でも一番でないと気が済まない石井にふさわしい実証研究である。

石井は、企画部に所属していた平松善広にその実証研究の任を命じた。石井に命じられるま

ま平松が船橋市にある兼松環境に行くと、敷地に真新しい破砕機と選別機が並んでいた。隣のプレハブ小屋にはフロンの回収機が備え付けられている。営業部の先輩、板谷謙司に促され、兼松環境の作業員らに指示して実験を始める手はずになっていた。しかし、石井から「行ってこい」と言われてきたものの、平松は装置の操作方法を知らなかった。

大手商社のニチメンを通し輸入されたこれらの装置はいずれもドイツ製だった。最初はメーカーから派遣されたドイツ人技術者が現場で実際に機械を動かし、操作方法を教えてくれた。それをニチメンの社員が通訳する。平松と板谷の二人は日本語に訳した手順書を読みながら、操作方法を覚えていった。

フロンの量は断熱材に多かった

実験が始まった。まず、廃冷蔵庫のコンプレッサーに、吸引ホースとつながったドリル針を真空密着させて穴を空ける。抜き取ったフロンを回収機に送り圧縮し、高圧ボンベに溜める。冷蔵庫には断熱材として使われているウレタンの発泡剤にもフロンが使われていた。コンプレッサーが約一〇〇グラムのフロンを含むのに対し、断熱材には約五〇〇グラムも含まれ、こちらの方が大問題だった。

並んだ廃冷蔵庫のコンプレッサーからフロンを回収し終わった平松は、破砕工程に移った。

コンベアに乗った廃冷蔵庫がするすると上り、頂上から廃冷蔵庫を破砕機の受け入れ口に落下させる。破砕機には二軸のローラーに切羽があり、短冊に切るようなイメージで冷蔵庫をスライスしていく。裁断された破片は長さ二〇～三〇センチ、幅三～五センチぐらい。

次にその破砕物を円筒形の選別装置に送り、鉄の棒と破砕物をがらがら回すと、鉄板からウレタンとプラスチックがはがれる。それを風力選別機に送ると、軽いプラスチックとウレタンは風で飛び、落下した重い金属類を磁石で回収する。分離と選別を繰り返し、素材ごとに分けていくのがリサイクルの基本だ。次はウレタンに含まれたフロンの処理だ。ウレタンをすりつぶすと、発泡剤から気化したフロンが出てくる。それを活性炭で吸収し、さらに圧縮して液体として回収する。それをドラム缶に詰めて行徳工場で破壊する。

「勢いでやるもんだ」

これが廃家電の処理の流れだが、やってみると手順書通りにはいかなかった。平松がフロンを抜き取るために針を刺しても、少しでも角度が狂うとフロンと油が外に出てしまう。肝心の破砕機は破砕物が中に詰まって頻繁に停止した。破砕物を取り除こうと、平松は兼松環境から派遣された作業員と悪戦苦闘した。

石井は現場を訪ねては、「うまくいっているか」と心配そうに平松に尋ねた。「ミスしても怒られたことは一度もありません。やって来ると、『頑張ってるか』『これは勢いでやるもんだ』が口癖でした。こちらも励みになりました」と平松は語る。

家電製品協会から委託された家電の解体の実証実験は、市川環境エンジニアリングのほか、日新産商（神奈川県）、サニーメタル（大阪府）でも行なわれた。日新産商は断熱材のフロンの回収実験を行ない、その後三菱電機とOA機器のリサイクルを手がけるようになった。大手スクラップ会社中田屋の子会社であるサニーメタルは、テレビの解体、処理の実証実験を請け負った。

これまで車の解体をしていたスクラップ業者は車を丸ごと裁断できる大型の破砕機（シュレッダー）を備え、破砕技術に秀でていた。家電メーカーはこうしたスクラップ業者と提携するAグループと、独自にリサイクル工場を造るBグループに分かれていく。

石井は、廃家電がどう処理されているのか、ある程度はわかっていた。というのは、取引先から処理を頼まれた廃家電を埼玉県にある中田屋の工場に運び、処理してもらっていたからだ。中田屋の大番頭と呼ばれ後にスズトクホールディングス（現リバーホールディングス）の社長を務めた伊藤清は、石井のことをよく知っていた。「金儲けしか関心のない経営者は多いが、石井さんは違った。それに業界の顔として良くまとめていた」。スクラップ業は廃棄物処理業と共に静脈産業を支える主要な業種だが、国の産業分類で七〇年代に「卸売業」から「製造業」に変わり、「サービス業」に分類された処理業と比べて恩恵を受けていた。石井もそれを知り、同様に正当な地位を得たいと思っていた。

市川環境エンジニアリングの船橋市での実験は二年半続き、九七年暮れに終了した。平松は報告書をまとめ家電製品協会に提出した。

その報告書が残っていた。それによると、九六年度（6月～翌年3月）に集めた冷蔵庫の台数は五一〇〇台。このうち四四〇〇台を破砕処理したが、フロンが回収できたのは一八〇〇台。残りはすでに放出されたりしていた。破砕後の冷蔵庫の素材ごとの重量も出した。ウレタン四九トン、鉄一二一トン、廃プラスチック四四トン、非鉄金属四トン、コンプレッサー一九トン。廃冷蔵庫は、船橋市などと交渉し、処理ルートを敷いて手に入れた。

ＲＤＦの時と同様に、この報告書もトラブル事例が満載だ。

「8月1日　コンプレッサースイッチ接触不良」「16日　ドリル抜け」「19日　破砕機側に電気連絡なし」「27日　エクストルーダー　ブレーカー落ち」「29日　同」「30日　同」「9月2日　クーラーデバイス　ブレーカー落ち」「3日　エクストルーダークーラー故障　ドイツより取り寄せ、短絡運転」「3日　油圧室、換気ファンよりオイル漏れ」「9日　ドレンくみ上げポンプブレーカー落ち　主導復帰」「10日　同」「11日　コンプレッサー高圧、ドリルロック　フィルター内ドリルかす除去」。約七カ月間に約一六〇件のトラブルが発生していた。

実証研究が終わった後、家電製品協会はこの施設を払い下げすることになった。まっさきに手をあげたのがＢグループの三菱電機だった。

家電リサイクル工場始動

三菱電機への出向を命ず

市川環境で家電の破砕とフロン回収を経験した後平松が向かったのは、三菱電機の本社だった。一九九八年八月東京駅の丸の内側を出ると巨大なビルがあった。石井は、部下たちにこう言っていた。「三菱電機と一緒に家電のリサイクル工場を造ることになった。しっかり頑張ってくれ」。

そそり立つビルの七階でエレベータをおりると、広いフロアの一角に家電リサイクル推進室の部屋があった。九七年暮れに設置されたこの部屋は、テレビ、洗濯機、冷蔵庫、エアコンの廃家電四品目のリサイクルを進める家電リサイクル法（九八年六月制定）に対応するため全国から精鋭を集めていた。施行が三年後に迫っていた。

家電リサイクル法は、消費者が排出時にリサイクル券を買って処理費を負担し小売店が回収、家電メーカーがリサイクルと処理を行うことを義務づけていた。各社は設定されたリサイクル率（再商品化率）の目標値を達成することが求められていた。家電リサイクル推進室は、自ら工場を建設する準備を進めていた。

この日、平松はブレザーの下に派手なカラーシャツを着ており、白のワイシャツばかりの三菱電機の社員に交じると目立った。場違いともいえる平松が、なぜここにいるのか――。そこには次のような事情があった。

家電製品協会が石井に実証実験の委託をした頃、三菱社内では環境事業に力を入れることがトップダウンで決まり、廃家電のリサイクルは最優先の課題となっていた。三菱電機は自前で技術を身につけ、工場を運営する道を選択した。新事業に取り組むためにチームをつくることになり、公募すると、意欲を持った社員たちが多数応募した。井関康人もその一人だった。

大阪大学で機械工学を学んだ井関は、神戸の工場で製鉄プラントの制御システムのエンジニアリング事業に従事していた。入社から七年重電の仕事が続き、新しい目標がほしいと感じていた矢先だった。公募にあった「環境事業」という言葉に惹かれ、応募すると採用が決まり、九六年に東京本社の環境事業のプロジェクト担当となった。最初は環境関連の企画展を見て歩いたりして情報を収集し、九七年暮に家電リサイクル推進室が設置されるとその一員となった。

パートナーは市川環境エンジニアリング

こうした動きの一方で、三菱電機はパートナー探しを始めていた。廃家電をどう集めるのか、廃棄物をどう扱ったらいいのか。Ａグループの家電メーカーが頼った中田屋などスクラップ業者には、廃家電をシュレッダーで破砕、選別してきたノウハウの蓄積があった。しかし、独自に工場を造るという道を選択した三菱電機にはない。信頼できる廃棄物処理業者が是非とも必要だった。社内で候補となりそうな業者をリストアップし、その会社が本当に信頼できるか一社一社潰していった。選ばれたのが市川環境エンジニアリングだった。

石井は、ＲＤＦの実証実験で三菱レイヨン・エンジニアリングとの間を取り持った三菱商事とつきあいがあり、縁がまったくないわけではなかった。しかし、急成長しているとはいえ、年商一〇〇億円にも満たない会社である。

常務の吉岡均は、後にできる新会社に出向した時にこんな話を聞いたことがあったという。当時は産業廃棄物の不法投棄事件が収まらず、産業廃棄物処理業界が色眼鏡で見られていた時代。最終処分場の建設計画に暴力団や右翼が介入して処理業者や役所を脅すことが頻繁に起きていた。三菱電機は候補となる会社が信頼のおける会社か徹底的に調べたという。その過程でここは信頼できると真っ先にあがったのが石井の会社だった。やはりリサイクルの先頭を走る石井の存在が大きかった。

三菱電機から提携話が持ち込まれた時の状況を、当時営業開発部長だった豊田直樹がよく覚えていた。ある日三菱電機の平田郁之部長ら数人が来社し、石井に面会を求めた。豊田も同席した。「家電リサイクル法に即したリサイクル会社を市川環境エンジニアリングさんとつくり、運営したいと思います」。その提案に石井はその場での返事をためらった。彼らが帰ると石井は珍しく弱音を吐いた。「巨大企業と地方の廃棄物処理会社じゃ、あまりにも釣り合いがとれない。技術的にも難しいからなあ」。フロンの実証実験や家電の破砕処理の実証研究をしながら、石井はいまひとつ事業化の確証が持てなかったのかもしれない。

豊田はそれを聞くと、三菱電機の本社を訪ね、平田に石井の言葉を伝えた。しかし、平田は引き下がらなかった。「とりあえず勉強会をするので、それに参加してくれませんか」。豊田は再び会社に戻り、石井に伝えると、「おめえと二、三人でやっておけ」とそっけない。そう言われ、豊田は勉強会に出席することにした。しかし、数回出席するうちに、三菱電機はすでに市川環境エンジニアリングと組んで事業を行うスキームをつくっており、それを前提に議論していることがわかった。

チームを代表する平田の上司に常務の山崎宣典がいた。新規事業部門担当のトップとして、今回の家電リサイクル法を担当していた。平田の紹介で豊田が会った山崎は、その言葉の端々から人格者であることがうかがわれた。チームの社員らはみな、人情に厚い山崎を信頼し、親分肌の山崎は何か障害が起きると、自分が楯となって彼らを守っていた。

九八年二月、平田は豊田に「資本金は四・九億円。三菱が五一%持ちたい」と提案してきた。

豊田は「残りをうちが持ってもよいのですね」と聞き直した。それを確認すると、急いで会社に戻り、社長室に飛び込んだ。石井はそこまで自分が信頼されていることに感動し、事業に参加することを決断した。

ところが、最終決定のために役員会を開くと雲行きが変わった。石井が説明を終えると、経理担当の参事が首を振った。「うちにはそれだけの資金を出す余裕はありません」。当時最終処分場を手に入れようと、石井は北海道から九州まで全国を駆けめぐって候補地を探していた。長野県で処理会社を買収して処分場を手に入れることに成功したが、トラブルが起きて多額の借金を抱えることになってしまった。その借金の返済が重石となり、投資を行う余裕がないというのである。

結局、石井は新会社の出資比率を五〇%から二〇%に下げることで、何とか了解を得た。後に新会社が順調に滑り出し、利益を稼ぎ出すのを見て、あの時もっと自分の意志を通しておけば良かったと悔やんだ。

五〇社回って同意を取り付ける

こうして両社が出資した新会社が誕生した。社名は「ハイパーサイクルシステムズ」と名付けられた。早急に工場を立地せねばならない。三菱電機は当初、自社で所有していた千葉県内の土地を考えていた。しかし、相談を受けた豊田は「その市では都市計画審議会を通すのが難しい」と難色を示した。そして「地元の市川市なら通す自信があります」と言った。

建築基準法で廃棄物処理施設は「迷惑施設」とされ、近くに学校や病院のない場合に限り、都市計画審議会にかけることができる。審議会でGOサインを得て、施設を設置する敷地の位置が決まるのだが、その前に地元住民や企業の同意を取り付けることを条件にしている自治体は多い。それとは別に産業廃棄物の焼却施設の設置を環境保全条例で禁じている自治体も多い。リサイクル施設だからといって、どこでも造れるというわけではないのだ。

しかし、石井の会社がある市川市なら市や事業者との関係も良く、同意を得やすいのではないかと豊田は考えた。それに市川市は大消費地・東京の近くで地の利が良い。豊田がそんな意見を述べると、平田らはすんなり同意した。そして間もなく市川市東浜のある企業が所有していた土地を買収してしまった。「任せるといったら、とことんやる会社だ」。豊田からこの話を聞かされた石井は舌を巻いた。

予定地は工業地なので住宅はない。しかし、約五〇社にのぼる工場が張り付き、この事業者の同意を取り付けていかねばならない。豊田は順番に会社を訪問し、同意書に署名をもらって回った。大半が快く署名と押印をしてくれたのだが、ある倉庫会社は違った。社長は「うちの倉庫にごみが飛んでくるからダメだ」の一点張り。結局、この一社を除く周辺企業の同意をとりつけ、市川市に提出した。すべての企業から取ってくるのが原則だが、市の担当者は「ここまでやったのですから」と豊田の努力を評価し、市の都市計画審議会にあげてくれた。

廃棄物処理業を行うには建築基準法と別に、廃棄物処理法の規定に基づいて業の許可と処理施設の許可を県と市から取る必要がある。具体的には、一般廃棄物の業の許可は市、産業廃棄物の業の許可は県、それぞれの廃棄物処理施設の許可は県と複雑だ。先の建築基準法の許可とこの廃棄物処理法の許可手続きの実務を平松が担当した。家電リサイクル法の施行時期が二〇〇一年に迫り、猶予はならなかった。

豊田が重要な同意書の取り付けを行ったのに対し、平松は市の建築指導課に提出する他の書類づくりを担当した。平松によると、市の担当者は「造りたいのは理解できる」と言うが、なかなか前に進ませてくれなかったという。しかし、ようやく書類が整い、市の都市計画審議会を九八年八月に通過、続いて県の都市計画審議会を一〇月に通過し、翌月正式に許可が出た。それが終わると、廃棄物処理法による業の許可と施設の許可手続きが待っていた。平松は、県の環境部産業廃棄物課の職員とのやりとりを覚えている。「県庁に書類を届けると、担当者は付随書類の修正を指示した。この日県庁と丸の内の三菱電機本社を三回往復しました。その日のうちに受理してやろうとの担当者の心配りだと思います」と、平松は語る。

機種選定で全国をめぐる

こうした許認可の手続きの一方、工場に備え付ける装置の選定が行われていた。井関と平松は破砕機を持っている業者に廃冷蔵庫を持ち込み、破砕テストを依頼した。廃冷蔵庫は市川環境エンジニアリングが自治体と家電販売店から調達したものだ。

平松が訪ねた盛岡市のシュレッダー会社では、すでに市川環境エンジニアリングが調達した約一〇〇台の廃冷蔵庫が持ち込まれ、連日破砕機でテストが繰り返されていた。クレーンでつるし、廃冷蔵庫を破砕機に落とし、ハンマーで叩《たた》いて壊していく。金属、硬質プラなど硬い物の破砕に向いているという。

一方、神戸市のシュレッダー会社は剪断式破砕機を備えていた。こちらはカッターを回転させ軟らかい物を切るのに適している。このように破砕機の特徴を見極めながら、井関らは、テスト結果から新工場にふさわしい機種を選んでいった。

そんな仕事を続ける過程で、平松が感心したのは、三菱電機は時間に厳しく、いつまでにどこまでやるかを決めるとその達成のために規律よく動くことだった。技術者は与えられた仕事だけでなく、毎年新たなテーマを自分に課していた。石井は、他社に派遣された社員が新しい風に触れ、その新風を会社に持ち帰ってくれることを期待していた。それに社員自身のスキルアップにもつながる。石井は「他流試合」と呼び、平松らに期待した。

こうして装置は揃った。しかし、それからが大変だった。試運転してみたが、装置がうまく動いてくれないのだ。平松の言葉を借りれば、「選別機からぐちゃぐちゃになったものが出てきた」のである。選別機を納入したメーカーの技術者に来てもらい、風量、速度を少しずつ変えて調整した。試行錯誤の始まりだった。

プラントの設計に精通していた井関は何事も理論的だ。うまくいかない原因を黒板に書くように理詰めで対策を練っていく。対して平松は現場でトラブルに対処してきた。経験豊富でまず体が動く。井関が年下の平松をこう評したことがある。「平松君は経験工学だな。機械を触って、肌で設定値を出していくんだね」。工場建設に携わった人々のこうした試行錯誤の積み重ねで、工場は本来の力を発揮できるのだ。

開所式にトラブル

石井が待ち望んだ日がやってきた。九九年五月一二日、ハイパーサイクルシステムズの本社工場が完成し、開所式があった。石井が待ちに待った日である。それにしても三菱電機の動きは迅速だった。新会社設立から丸一年で工場を完成させたのだから。家電業界で一番乗りだ。何事も一番最初にこだわる石井は、誇らしい気持ちとともに大企業の底力に圧倒される思いを抱いた。

開所式には三菱電機社長の谷口一郎も出席した。工場に備えたコンベヤに廃冷蔵庫が載せられ、ゆっくりと上部へ移動していく。コンベヤは筒状のケーシングに囲まれているので外からは見えない。上がりきるとコンベヤの鉄の扉が開き、廃冷蔵庫が破砕機に落ちる仕掛けだ。ところが途中で何かがひっかかって落ちない。さっそくトラブル発生だ。

作業員がのぼって中をのぞいた。その瞬間、悲鳴が轟《とどろ》いた。開いた扉が作業員のヘルメットに当たり、防塵メガネのツルが鼻にめり込んだ。病院に運ばれる事態となったが、鼻骨骨折で済んだのは不幸中の幸いだった。間もなく破砕機は動きだし、開所式は何とか終了した。

谷口は工場で記者会見し、「処理工場の稼働により、どうすれば家電が分解しやすくなるかがいち早くわかり、設計段階からリサイクルを考えた対策を全社的に加速できる」と語った(1999年5月21日付 日経産業新聞)。石井はこの日の手帳に「ハイパーサイクル祝賀会」と記した。午前中に開所式が終わると、すぐに会社に戻った。プラントメーカーとの打ち合わせが待っていた。翌日には日本経済新聞のインタビューが控えていた。

工場が稼働し始めた最初の頃は、家電リサイクル法の施行前だったので廃家電が思うように集まらなかった。石井は、廃パチンコ台や自動販売機を調達し、工場に供給して助けた。他の家電メーカーもその後続々と工場を立ち上げるが、家電業界は、独占禁止法に抵触しないようにパナソニック、東芝などのAグループと、三菱電機、日立製作所などのBグループに分かれ、処理体制を整備することになる。

リサイクルの質にこだわった新工場

市川市東浜は海に向かって突き出した形状の埋め立て地だ。そこに近代的な建物があった。ハイパーサイクルシステムズの本社工場だ。

工場内を歩いた。冷蔵庫からコンプレッサーを取り外しフロンの回収工程に回す。中を開けて野菜ケースを取り出すといった手作業から解体作業が始まる。作業する社員らのてきぱきとした動きが小気味良い。その後野菜ケースのようなものはプラスチック粉砕機に送られ、フレークになる。

これらを取り外した廃冷蔵庫の本体は、コンベヤーから破砕機に送られ、断熱材として使われているフロンを含んだウレタンを風力選別機で取り出し、ウレタン専用の粉砕機へ。粉々になったウレタンから発泡剤として使われていたフロンが気体のまま出てくる。それを活性炭で吸着する。さらにそれを圧縮し液体にして回収する。

廃冷蔵庫の破砕物は磁力選別機で鉄をとり、トロンメルと呼ばれる選別機で細かさによって三種類により分ける。さらにドラム磁選機と非鉄選別機を通し、鉄と銅、アルミなどを回収し、プラスチックは微破砕機に送る。ウレタンなどの残渣はペレットにし、製紙会社や石炭会社に固形燃料として利用してもらっているという。

廃家電のリサイクルといってもその質には差がある。私が以前見た別の工場は人海戦術で解体した後の工程が短く、車などを破砕するシュレッダーに送っていた。ハイパーサイクルは機械による選別の工程が長く、その分価値のある資源の回収量が多い。焼却や埋め立て処分に回る量を減らせる。

究極のマテリアルリサイクル

井関に誘われ、三菱電機の子会社であるグリーンサイクルシステムズの本社工場（千葉市）を訪ねた。ハイパーサイクルの工場から排出された廃プラスチックをさらに資源として利用し、ペレットを製造している。どこまで廃プラスチックの材料リサイクルが可能か、それに挑戦した野心的な施設だという。この工場建設にかけた井関の思いが詰まっている。

同社は九九年にＯＡ機器のリサイクルを目的として設立されたが、しばらくの間休止していた。しかし、廃家電から出る廃プラスチックの資源化を徹底するため、新たに工場を建設することが決まり、二〇一〇年に稼働した。

工場は丘陵地を切り開いた一角にあった。ハイパーサイクルの工場から送られてくるのは、リサイクルに不向きな破砕混合プラスチックだ。それを原料にして高純度のＰＰ（ポリプロピレン）、ＰＳ（ポリスチレン）、ＡＢＳ（アクリロニトリル・ブタジエン・スチレン）を回収している。

家電製品に含まれた廃プラスチックを手選別や機械選別によって素材ごとに分けても、分別しきれない残渣がかなり残る。それを焼却処分し発電に利用するのが一般的なやり方だが、三菱電機では先端技術総合研究所が新たに選別機を開発し、材料リサイクルに利用できる単一素材として取り出すことを可能にした。

徹底した機械化によって、工場内には作業員がほとんど見あたらない。選別はまず、比重選別機で水よりも軽いＰＰ・異物、水より重いＡＢＳ・ＰＳに分ける。次に別の選別機に送り、水を上下に揺すって比較的軽いＡＢＳとＰＳの混合物、難燃プラスチックや塩化ビニルなどの重いプラスチックに分ける。さらに静電気を利用した選別機でＡＢＳとＰＳをこすり合わせ、静電気を起こして分ける。最後にＸ線分析選別装置を通し、有害な特定臭素系難燃剤を含んだプラスチックをエアガンで飛ばして除去する。こうして純度を高めペレットにする。ペレットは冷蔵庫の仕切り壁、食洗機の底板など三菱電機の製品のほか、自動車、建築資材などにも使用されているという。

苦労したのはコストをどう抑えるかだった。工程と装置が複雑すぎると高くつく。バージン原料に負けないために、どの選別を優先するかを決め、さらに高速処理を実現し効率化を図ることで低コストのリサイクルを実現した。

社長の坪井伸之が、できあがったペレットを手の平に置いた。純白できらきらしている。これがリサイクルに不向きな混合プラが原料とはとても思えない。井関が言う。「ここは廃棄物処理施設ではありません。ハイパーサイクルシステムズから廃プラスチックを購入し、高品質ペレットを製造する工場です」。北海道から大阪まで、全国の家電リサイクル工場から買い取る廃プラスチックは年間約一万四〇〇〇トン。リサイクル率は八〇％に達し、再生品の半分は三菱電機の製品に使い、残りは売却しているという。

だが、品質の良いペレットは造れても、それが三菱電機の家電製品に急速に拡大することは難しい。三菱電機では冷蔵庫の準意匠部品など再生品で造った製品が増えつつあるが、使える部品はまだ限られている。再生品はバージン原料で造った製品と比べると、微量の異物が混ざり、ほんの僅かだが曇りが入っていたりする。その微妙な差が消費者に嫌われ、設計者が再生品を使うことになかなか踏みきれない原因となっているという。

それでもこうした工場の存在が現実を変える力となる。石井は業界誌にこの工場を評価する一文を寄せた。大半がリサイクルされないまま燃やされていた廃プラスチックを、技術革新によって品質の良いペレットを造り出し、リサイクル率を七〇〜八〇％に高め、それが商品となり、儲けを生み出していると説明した。

そして動脈産業に当たる三菱電機と、静脈産業にあたる廃棄物処理業の市川環境エンジニアリングが共に取り組む意義をこう述べている。

「同事業は言うならば『動脈側を動かした協業』の事例、動・静脈両産業のシームレス化の実現を見た事例である。従って我々産業廃棄物業界が、動脈産業を動かす協業を企画実施することが、大変重要なこととなる。また、家電リサイクル法がより事業法としてリサイクルや、互いの得手を出し合う企業間の協業が促進されるものに改正されるべきと思われる」（いんだすと　2014年3月号）。

商品を製造する動脈産業と廃棄物処理を行う静脈産業。この二つがお互い補い協力し合うことで廃棄物を資源に戻し、再び製品に生まれ変わらせる。これによって資源循環の輪が広がっていくのだ。そんな石井の思いを読み取ることができる。

不法投棄対策に取り組む

千葉県産業廃棄物協会の会長に

脳梗塞を理由に鎌田正二が千葉県産業廃棄物協会の会長を辞任した。鎌田から後を託された石井は、理事会で満場一致で会長に選ばれた。八九年春のことだった。

会長に就任し五月に開いた初の総会で、来賓として挨拶した環境部次長の話題はもっぱら不法投棄だった。産業廃棄物の処理施設の設置に対し住民の反発は強く、容易に造れない。千葉県は処理施設の設置と適切な維持管理のために指導要綱をつくったとした上で、前年に起きた長柄ダム周辺での大量不法投棄事件と市原市の汚泥流出事故を紹介し、「監視パトロールを強化、市町村関係機関との連携を密にし、不法投棄の撲滅を断行します」と述べた。

千葉県は東京都などから大量の産業廃棄物が持ち込まれる。その一部は不法投棄され、住民の生活環境を脅かしていた。その実行者の大半は、排出事業者と無許可の業者たちだが、住民には区別ができない。マスコミは不法投棄事件を取り上げると、産廃業者を叩き、自治体や住民は、産廃NO！を掲げて各地で処理施設の建設を阻止した。まじめに公害防止に取り組む処理業者も不法投棄の実行者も同じ産廃業者とみなされるような状況に、石井は我慢がならなかった。協会としてしっかりした事務局体制をとる必要があると考えた石井は、千葉県庁を退職した近藤三千夫をくどき専務理事に招いた。近藤がまず提案したのが千葉県環境保全対策基金の創設だった。

不法投棄撤去のための基金制度をつくる

近藤は「不法投棄された産廃を撤去するお金を基金として積んだらどうですか。産廃業者だけでなく、県にもお金を出してもらったらいい」と提案した。石井は「いい案だ」と賛成し、すぐに理事会に諮った。実は県も同じ趣旨の基金をつくれないか検討を始めていた。石井は県と相談し、協会と県がそれぞれ毎年五〇〇〇万円ずつ積み立て、五億円の基金を目指すことを決めた。当時、不法投棄の原因者がわからない時のための撤去にかかるお金を積んでいた協会に、鈴木勇吉が会長を務める埼玉県産業廃棄物協会があった。しかし、県の補助制度はなく、協会が自主的に行なっていたという。

千葉県の協会の記念誌『20年のあゆみ』に掲載された座談会で、石井は次のように語っている。「我々千葉県でも同じことをしようということで、協会の役員会で協議した結果、基金を創設して我々が行政や住民から言われる前に撤去しようということになりました。県の生活環境課長に話をしたら、たまたま県のほうでも同じような考えがあり、今回は協会から持って行ったので、結果的には知事までその話がいったようですが、そういうことなら行政も協力しようということになったわけです」。

一九八九年に設置されたこの基金にはもう一つの目的があった。協会の副会長をしていた大平興産の社長山上毅（現会長）は、この座談会でこう述べている。「適正処理を推進しているグループが、不法投棄をしている人々とは違うんだということをはっきりさせたいという一つの意思表示で、この基金ができたというわけです。どのように法改正されてくるかわかりませんが、排出企業を追及する形が明確にできないと、不法投棄はなくならない」。

会員企業による不法投棄防止のパトロールも始めた。数人がチームを組んで山の中を歩く。もちろんボランティアである。しかし、こうした努力にもかかわらず不法投棄は止《や》まなかった。

その少し後のことだが、私は市原市の住民団体の代表と不法投棄現場を見て回ったことがある。山道に入ると廃家電や建設廃材があちこちに投棄されていた。建設残土による巨大な山があった。県の許可を得た捨て場だが、土を掘り返すとコンクリートガラが出てきた。

産廃業者と不法投棄の実行者との違い

石井と山上らを中心につくった基金制度は、約一〇年後国の制度に昇格した。巨大不法投棄事件が次々と発覚するに至り、厚生省は経団連に資金を拠出してもらい「産業廃棄物不法投棄原状回復基金」を創設した。九七年以降に起きた不法投棄事件で、原因者に負担能力のない場合にこの基金を使って撤去する。不法投棄された廃棄物の大半が建設系の廃棄物だったので、資金の大半を建設六団体が拠出することになった。この基金を創設する際に厚生省の官僚から相談された石井は、これまで築いたゼネコンの人脈を生かして建設業界と産廃業界との間をとりもち、厚生省を助けた。

一方で石井は、千葉県の基金創設を機に「県民ゼミ」の名で一般県民向けの勉強会を開いた。年に二回、各地で集会を開き、産業廃棄物問題について専門家が講演したり、意見交換したりした。この取り組みに賛同し、千葉市も基金づくりに参加してくれることになった。

ただ、すべての市町村が賛同してくれたわけではなかった。石井が「人口の大きな市だけでも基金に支援してもらえないか」と、市町村会に要請したことがあった。しかし、市町村会は「家庭ごみを扱う自治体は産廃と関係ない」と拒否した。そこで石井は規模の大きな市を訪ね、説明して回った。こんなふうに説得したと石井は言う。「あなたの市は工業出荷額が二〇〇〇億円あります。その出荷額なら、当然それに見合った産業廃棄物が出るんですよ」

市川市、船橋市をはじめ幾つもの市が理解を示し、一〇〇万円単位で協力してくれた。石井は協力してくれた市にお返しをしたいと、別に産業廃棄物の県民講座を開いた。県から支援の約束を取り付けると、山上らを講師にして巡回した。もちろん石井も参加して市民からの質問に答えた。「この業界はこんなに真面目に考えていたのか」「こういう人たちがやるなら心配ない」という評価も徐々に得て、「産廃業者は怖い」というレッテルをはがすことにつながっていったと、石井と山上は語っている。

「勢いでやるもんだよ」

高俊興業の社長だった高橋俊美が石井から呼び出されたのは二〇〇六年のことである。高橋は千葉県の協会の適正処理推進委員会の委員長をしていた。千葉市内にある協会事務局に委員会のメンバーが勢揃いした。石井が高橋に頼んだ。匝瑳《そうさ》市で硫酸ピッチの不法投棄事件が起きたので、撤去してほしいというのだ。

硫酸ピッチは、A重油と灯油を混ぜて不正軽油を製造する時に発生するタール状の物質をいう。税金の安い灯油には、軽油に転用させないようにクマリンという識別剤が入っている。硫酸を混ぜて強酸性にしてやることでクマリンは分解され、軽油にかかる高率の税金を逃れることができる。その分解の過程で発生する硫酸ピッチは目に入ると失明し、皮膚に触れると火傷を起こす。腐食性が強く、水と反応して亜硫酸ガスを発生する有害物質だ。

この硫酸ピッチをドラム缶に詰めて山林に不法投棄したり、保管倉庫や製造工場に残して姿を消したりする不法投棄事件が、九〇年代から二〇〇〇年代にかけて全国各地で発生した。中でも山の多い千葉県は格好の捨て場所になった。千葉県は一九九九年から二〇〇九年の累計は三五件（一万七四〇〇本）と、他の都道府県に比べてダントツに多い。環境省によると、硫酸ピッチの不法投棄や不適正処理は〇三年に八一件（ドラム缶二万八三〇〇本）とピークを迎えたが、取り締まりが強化されたことで、二〇〇〇年代後半に沈静化した。

石井に撤去を頼まれた高橋は、こんな弱音を吐いた。「頼むと言われても、私は硫酸ピッチは専門じゃないのでわかりません」。高橋は建設廃棄物の中間処理が本業で、硫酸ピッチは門外漢だ。石井が諭すように言った。「こういうものは勢いでやるもんだよ。やってくれ」。高橋は委員会のメンバーと相談して、油の処理が得意な業者に処理を依頼することになった。この撤去作業にはもちろん基金が使われた。

協会が基金を使って最初に撤去したのは、一九九三年に多古町で起きた廃油の不法投棄事件だった。処理業者が火災で経営難に陥り、処理できなくなり、廃油の入ったドラム缶三〇〇〇本が放置されていた。九七年には成田市に不法投棄された感染性廃棄物など約二万立方メートルを県、市と一緒に撤去した。千葉県方式ともいえるこの基金制度は、やがて他の県がお手本にするようになった。

法改正に業界の声は届かず

事前協議制という流入規制

七〇年代から八〇年代、経済成長とともに廃棄物の排出量は増え続けた。その間石油危機をはじめ、何度か経済の後退期はあったが、廃棄物処理業者は売上を伸ばし、業界の規模も膨らんでいった。しかし、やがてそれに伴う副作用に地方の自治体が悲鳴を上げ始めた。都会から地方に大量の廃棄物が持ち込まれ、不法投棄や不適正処理が増加の一途をたどったからである。地方の自治体は、「都会のごみをなぜ田舎に持ち込み、ごみ捨て場にするのか」と怒った。市川環境エンジニアリングのある千葉県もそんな自治体の一つだった。

千葉県では、県外から大量の産業廃棄物が持ち込まれ、県の調査では八八年に処理・処分された産業廃棄物の五三％が県外から搬入されていた。それが不法投棄や不適正処理の原因の一つになっているとして、県は八六年に要綱をつくり、持ち込まれる前に業者を指導して搬入量を抑制しようとした。だが、バブル景気で産業廃棄物は急増、歯止めがかからなかった。

産廃を受け入れている千葉県や東北地方の県では、産業廃棄物の受け入れと、それを確保するための最終処分場建設に反対する声が高まった。千葉県では一二市町村が反対決議・宣言の狼煙《のろし》を上げていた。

八九年九月、千葉県議会は廃棄物対策の抜本的な対策を求める決議を行い、県は廃棄物の適正処理と最終処分場の確保、県外産廃の流入抑制という「三点セット」を打ち出した。そして、県外産廃については、指導要綱を改訂し、強制力を伴った産廃の流入規制を導入しようとした。

この年の春に協会の会長になった石井の手腕がさっそく試されることになった。石井は県庁を訪ね、県の真意を確認するとともに協会の立場を訴えた。産業廃棄物を適材適所で処理するには広域的な処理にならざるを得ない。法律もそれを認めている。しかし、廃棄物が都市から地方に流れ、地方に負担を負わせる構造になっていることは間違いなかった。さらに不法投棄が頻発し、それが住民の怒りを招いていた。千葉県が流入規制を導入する前の一九八六年に茨城県が事前協議制を導入し、県外産廃にマニフェスト伝票を適用したのが、本格的な流入規制の始まりだった。手続きの煩雑さが嫌われ、茨城県に流入する産業廃棄物が激減し効果を発揮すると、東北地方に広がっていった。

石井の会社も、東京の排出事業者から受けた廃棄物を中間処理し、リサイクルした後、残った残渣は焼却か埋め立て処分しかない。千葉県内の最終処分場を頼りにしたが、福島県など他県の処分場に持ち込むこともあった。流入規制は、最終処分業者だけでなく、石井ら広域移動を前提に中間処理をしている業者を困らせることになった。

年が明けた九〇年二月、石井は臨時理事会に県幹部を招き、導入する事前協議制度の説明を受けた。翌月開かれた協会の説明会には危機感を募らせた二五〇人の会員が集まった。協会は減量化や再資源化をしている中間処理業者に配慮を求めることや、要綱にある県内産廃の優先処分の義務づけを努力義務とするよう県に求めた。産業廃棄物の処理は経済原則に則って行われており、県内産廃のみの処理を義務づけられたら処理業はなりたたない。

石井は後に協会報にこう記している。「協会が指導要綱によって、行政と排出事業者と処理業者が一体となって産業廃棄物の適正処理を推進することによって、社会の信頼と理解が保持できるよう務める責任があることを、痛感しなければならないと思うものである」。石井らの要請で強制力のある義務づけはなくなったが、不法投棄や不適正処理をなくし、住民と行政の信頼を得ないことにはこの問題は解決しないことを、石井は痛感していた。

廃棄物処理法の大改正

この産業廃棄物の越境移動問題は廃棄物処理法の大改正をもたらした。八九年五月に青森県田子町の民間処分場に千葉市の生ごみが持ち込まれていることを朝日新聞が報道した。住民から非難を浴びた田子町と青森県は、千葉市にごみを持ち帰るよう要求した。この千葉市の持ち込みは、清掃工場の余裕がなくなり困った末の行為だった。
結局、千葉市が民間処分場にお金を出し、生ごみをコンクリート製のプールに入れて封印する現地処分で決着したが、都会のごみを田舎町に押し付ける行為は「南北問題」と捉えられ、廃棄物処理のあり方に大きな反省を求めることとなった。

それに敏感に反応したのが青森県選出の津島雄二厚生大臣だった。廃棄物が抱える様々な問題を解決するために廃棄物処理法を改正したいと、国会で明言したのである。

この法案づくりには、連合会の専務理事だった鈴木勇吉が生活環境審議会の専門委員会委員として参加した。力の弱い処理業者が、コストに見合わない低額の料金で排出事業者から処理を委託させられる構造を問題視し、コストを反映した適正料金での委託を法律で義務づけるよう求めた。しかし、「日本は自由主義なんだから、価格統制は認められない」と、経済界側の委員から反発を受けた。石井は政治家たちに理解を求めて回った。

厚生省もそれを理解し、適正料金での委託を条文に入れた法案を作成した。しかし、その後経済界や他省庁が反対しこの条文は消えた。

九一年に行われた法改正は、法律の目的に廃棄物の減量を入れ、有害な産業廃棄物の流れをマニフェストで管理することを義務づけたり、処理業者の施設の設置を届け出制から認可制に変えたりした。七六年の法改正で消えた廃棄物処理業者の名称と役割の規定も、連合会の要請を受け復活した。

しかし、排出事業者と処理業者に対する規制は強化されたものの、石井らが期待した、業界を育てる振興策につながるものはほとんどなかった。逆に国は公的関与を強め、都道府県が自ら処理センターをつくる仕組みを整えた。処理施設の不足を解消し、住民の信頼を得ようとしての政策だったが、民業の圧迫にならないかと処理業者たちは不安を抱いた。

さらに石井をがっかりさせたのは、せっかく法律の目的に廃棄物の減量が明記されながら、そのための手段であるリサイクルを進めるための具体的な施策が一つも盛り込まれなかったことだった。廃棄物処理法は九七年にも改正され、マニフェストをすべての産業廃棄物に拡大し、処理施設を造る際に環境に悪影響がないか簡易的に調べるミニアセスメント制度が義務づけられ、罰則も強化された。しかし、主要テーマは相変わらず適正処理のための規制強化で、業界を育てるための施策を見つけるのは難しかった。

廃棄物処理法の改正の歴史を振り返ると、大規模不法投棄事件が起きるたびに世論や国会の批判を受けて改正が繰り返されている。その都度廃棄物処理業者を縛る条項が増えていくのだが、不法投棄はなくならない。でもそれは当然である。どんな規制があってもそれをすり抜けるのが不法投棄の実行者なのだから。反対に改正のたびに首を締め付けられているのが石井らまじめな処理業者たちだった。

本来は石井が行っているようなリサイクルを広げるためにも、振興を図る政策が必要である。だが、家庭ごみの処理から始まった国の廃棄物行政は、公衆衛生を目的とした適正処理を優先し、再資源化によって新しい産業を興すという姿勢が乏しかった。それはのちの省庁再編で、廃棄物の所管が厚生省から環境省に移ってからも大きく変わることはなかった。

ところで九七年の法改正の頃、石井ら処理業界を揺るがす大きな出来事があった。日本列島を覆ったダイオキシン汚染問題である。

ダイオキシンとの闘い

産廃銀座

九九年四月一五日、埼玉県江南町《こうなん》（現熊谷市）で全国産業廃棄物連合会の関東地域協議会が開かれた。関東地域の主要なメンバーが集まる場で、この日は協議会会長の石井のほか、連合会会長の國中賢吉、埼玉県の協会長で國中の前任の連合会会長だった鈴木勇吉も出席した。三人の挨拶で始まったが、話題の中心はダイオキシンだった。鈴木は石井の一回り上の世代だが、専門知識が豊富で正義感が強い。審議会の委員として意見をはっきり述べ、厚生省の官僚も一目置く存在だった。そんな鈴木を石井は尊敬していた。

鈴木の経営するエコクリエイトは三芳町《みよし》にあり、廃棄物の収集・運搬業を営み、地域の住民とも友好的な関係を結んできた。ところが、そこにダイオキシンの嵐が吹いた。埼玉県では九五年暮に宮田秀明摂南大学教授が、住民の依頼で産業廃棄物処理業者が集中する所沢市くぬぎ山の土壌を調査し、高濃度で土壌が汚染されていたことがわかった。野焼きや焼却施設から大量のダイオキシンが排出され、それが土壌を汚染しているのではないかという。

このようなダイオキシン汚染が全国いくつもの地域で発覚し、住民たちは不安を募らせた。それらをマスコミが報道すると、一気に火がついた。焼却施設はダイオキシンの主要な排出源だ。国は、排出を抑制するために焼却炉の構造基準を強化したり、議員立法で制定されたダイオキシン類対策特別措置法のもとで環境基準値を定めたりと、対策に乗り出した。自治体の清掃工場は、ダイオキシンの発生を抑制できる新型の炉に建て替えたり、大改修を行ったりした。

一方、苦しみを味わったのは、焼却施設をもつ中間処理業者や最終処分業者だった。

この日の協議会で、県職員が「県はダイオキシン対策室を設置、住民との懇話会を実施して対応している。四年後のダイオキシンの排出規制値を二年でクリアするよう業者に要請している」と言うと、鈴木は「基準値をクリアしている業者についての積極的な育成と、野積みなどに対する取り締まりの強化を県に要望している」と述べた。違法な業者を取り締まるのは当然だが、まじめに取り組んでいる業者をなぜ応援してくれないのかと、鈴木は不満を抱いた。

そのころ、鈴木は所沢市内であった集会に県職員と共に招かれたことがあった。その時のことを鈴木はよく覚えている。

県の課長と一緒に会場に入ると、ある女性が叫んだ。「人殺し！」。異様な雰囲気だった。

「これはいけない」と感じた鈴木は、演壇に立つとこんな問いかけから始めた。「皆さんは今日ここに何をしに来られたのか。私や役所に文句を言いに来られたのか、それともこの所沢で起きていることを相談に来られたのか」。ざわついていた会場が静まっていく。「所沢は、国木田独歩もほめたほど、雑木林のきれいな大地です。そして相続になると山を売ります。買ったのは処理業者だけじゃありません。東京オリンピックの頃、東京からごみがどんどん持ち込まれ、埼玉県は処分先として一番多く使われました。どんどん穴を掘って埋められていく。それがやがて山になる。それに県が慌て、ごみを減らすために焼却施設を造らせたのです。そして当時はダイオキシンのことも知らずに、県もごみが減ってよかったと思っていたところに、大学の先生が来てダイオキシンの発表をし、マスコミが一斉に騒ぎました。いま、くぬぎ山周辺に七〇あった焼却施設は三〇以下に減っています。来年には四つか五つしか残らないでしょう。県警と打ち合わせをした時に聞かれました。『なぜ、こんなに不法投棄が増えるのか』と。私はこう言いました。『焼却を止めるからです』。止める政策は良くても、いままで持ってきた廃棄物が処理できなければ、投棄せざるを得ない。どこの県でも産業廃棄物は招かれざる客なのです。日本という国は、問題にならないと腰を上げない。役所だけの問題ではないのです。審議会にも責任があると思います。また、私自身にもあると反省しております」。

講演が終わると、女性が近づいて言った。「あなたの言った話が一番良かった。考えさせられました」。幾人もの市民が鈴木を取り囲んだ。つるしあげの糾弾集会になる窮地から鈴木は脱出した。

不法投棄に義憤を感じ、地方議員から処理業へ

石井が「学者にも官僚にも負けない理論家だ」とほめる鈴木は、東京に生まれ育ち、中央大学法学部を卒業すると大蔵省（現財務省）に入省、札幌の財務局に配属された。だが、官僚人生はたった一年で終わる。結核を患い、東京都清瀬市の結核の療養施設で二年間の闘病生活に入ったからだ。一、二日体調がよくても翌日血で真っ赤な泡を吐く。経済的にも困窮し、もう外に出られないと諦めていた。

しかし、公務員だった兄が、当時入手の難しかった米国製のストレプトマイシンを手に入れたことが、鈴木の社会復帰をもたらした。そしてこの療養所に入所していた百百子《ももこ》と結ばれることになった。退所した鈴木はしばらく東京で生活した後、埼玉県志木市に転居した。そこで後に埼玉県知事になる畑和弁護士の事務所で働いていた。ある日、畑から「衆議院選に出ると決めた。その基盤づくりのために、地元の足立町（現志木市）の町議になってほしい」と頼まれた。地方議員になった鈴木は、やがて廃棄物の世界に目を開いた。きっかけは不法投棄だった。

六四年の東京オリンピックが終わった頃、鈴木は「いつまでも今の状態ではいけない。何をしようか」と悩んでいた。町を歩くと河川敷や空き地にやたらに大きな穴があった。そこに産

廃が埋められ、野焼きによる真っ黒な煙が川や田畑を覆っていた。これを何とかできないかと思った。それに議員といっても報酬はわずか。生計は病院で看護師として働く妻に頼っていた。

「なんとかしなきゃ」。

七〇年に廃棄物処理法案が国会に上程されることを新聞で知った。「国は本気なんだ」。自ら処理業を起業し、模範的な仕事ができないかと思った。しかし、仲間の議員に打ち明けると、「議員が何でごみ屋をやるんだ」と言われた。妻は「どうしてもというなら実家に帰らせてもらいます」。拝み倒し、渋々了解を得ると、七三年二月収集運搬業の許可をとって開業した。

四トントラックを二台手に入れ従業員を二人雇った。人手が足りないので自分も運転しなければならない。しかし運転の経験はなかった。ある日浦和市（現さいたま市）に向かう細い道でバスと向かい合った。「かわせない。僕の技量じゃ無理だ」。脂汗が流れる。バスから運転手が降りて親切にもハンドルを操作してくれた。

やがて仕事にも慣れ産廃業者とのつきあいも始まると、様々な相談を受けるようになった。「会社の経理をどうしたらいいのかわからないんだ」「法律に書いてあることが理解できない」。呼ばれて教えたり、集まった業者に講義をしたりした。

その頃東京の最終処分業者から相談を受けた。埼玉県にある最終処分場をみんなで使ってもらいたい、そのためには信用のおける業者と契約したいというのだ。それが組合結成のきっかけとなった。鈴木は仲間に声をかけて回り、七六年に二六社で埼玉県産業廃棄物事業協同組合が結成された。みんなに請われ、鈴木は理事長に就任した。その後、別団体をつくり代表を務めていた松澤博三（現ショーモン会長）と、埼玉県産業廃棄物協会を結成し、ここでも会長に就任した。全国に先がけての組織づくりは、千葉県で活動していた石井に大きな刺激を与えることになった。

鈴木が振り返る。「石井さんには随分前から連合会の会長になってもらいたいと思っていました。人柄もいいし見識もある。会社の中身もいい。『会長をやったらどうです』と何回か誘ったことがありましたが、石井さんは、『ええっと』と言葉を濁していました。僕の退任後に、大阪の國中賢吉さんが選ばれ、その次に満を持して彼が選ばれました」。

國中会長を支える

一九九八年暮れに退任した鈴木に代わって会長に選ばれた國中は、大阪で中間処理と収集運搬を行う国中環境開発の創業者で、近畿地方の処理業界を代表する一人だ。石井は当時千葉県産業廃棄物協会の会長で、関東地方の都県の協会長でつくる関東地方協議会の会長もしていた。連合会の会長は地方協議会の会長から選ぶので、鈴木の次に石井を推す声もあった。しかし、太田、鈴木と東日本から会長を選んでいることもあり、今回は西日本から選ぶべきだとなり、國中になった。石井は連合会の副会長として廃棄物の流れを管理するマニフェスト（管理票）の導入、不法投棄が起きた時に基金をつくって撤去に当たる原状回復制度の創設などの懸案事項に取り組み國中を支えた。

ややわき道にそれるが、國中の人となりをごく簡単ながら紹介したい。石井が一般廃棄物処理業の家庭に育ち、父の峯吉から経済的支援を受けて産業廃棄物処理業に乗り出したのに対し、國中は裸一貫から処理業を起こした。産業廃棄物処理業界は、おおざっぱに分けると、もともと一般廃棄物処理業をしていてその後産業廃棄物に手を伸ばした業者と、廃棄物処理法の制定を機にゼロから参入した業者と二つになる。

石井が毛並みの良いサラブレッドだとしたら、國中は地方競馬からはい上がった競走馬といえようか。

工業高校を出て社会に出た國中は悲運の連続だった。最初就職した建設会社はまもなく倒産し、続いて見つけた不動産会社も経営難に陥った。卒業からわずか数年で奈良県の実家に戻ってしまった。そんな時トラック一台で大阪市内の飲食店や商店から出た事業系廃棄物の収集運搬をしていた兄から誘われたのが、廃棄物との出会いのきっかけだった。

収集作業は夜中の一時から夜明けまでの約五時間。「体はきついが、月五万円の月給をもらった。高卒の初任給が一万五〇〇〇円の時代だからありがたかった」と國中は言う。当時のごみ箱は、道路沿いの商店の脇にあるコンクリート製（縦横五〇センチ、高さ一メートル）で、商店はビニールの袋や紙袋に入れてごみ箱に投入し、作業員が籠ですくい、荷台に積み上げる。それを大阪市の清掃工場に運んでいた。

しかし、深夜の重労働のために急性腎炎になり、國中は一年近い闘病生活をおくることになる。転機となったのが一九七〇年の廃棄物処理法の制定だった。厚生省が法律を作りそうだと新聞とテレビで知った國中は、それをビジネスチャンスととらえた。「これならこれまでのように夜中に集めて回る必要はない。体も壊さずに済むし、頑張れば会社を大きくできるやないか」。

入院中の國中は一冊の本に出会う。作家石牟礼《いしむれ》道子の『苦海浄土――わが水俣病』。「入院中にこの本を読んだ。こんな悲惨なことがあるんか。あの子ら、何でそんなんになるのやと泣けてきた」。悲惨で極限状態にありながら、人間の尊厳を失うことのない患者の世界をからからと描き出したこの物語は、多くの読者を魅了した。國中もその一人だった。水俣病をめぐってはこの年の秋、原因企業チッソの株主総会が大阪市で開かれ、患者と支援者が壇上に駆け上がり、江頭豊社長に鋭く迫っていた。

七〇年夏、病が癒えて退院した國中は、貯金をはたいて中古の四トン積みのダンプカーを買った。そして市内の工場をセールスして回った。国会に法案が提案されたのはその年の暮だが、國中は、やるなら少しでも早い方がいいと始めたのである。「先を越せ」の意欲はその頃から旺盛だった。

差別を受け続けてきた水俣病患者への國中の同情心は、直接的には産業廃棄物処理業とは結びつかない。しかし、廃棄物処理業についた國中を偏見の目で見る人たちもいる。指導に当たる公務員も処理を委託する工場の社員も、上から彼らを見下ろしてものごとを進める。地べたから見上げる國中は、水俣病患者とどこかでつながっているのかもしれない。

それは「ごみ屋」とさげすみの言葉を投げつけられていた石井も同じだった。処理業界のサラブレッドであろうが、世間はそうは見ない。水俣病患者への冷たい仕打ちを嫌い、独立して廃棄物処理会社を立ち上げた元チッソ社員の鎌田正二に尊敬のまなざしを送った石井は、やはり國中と相通じるものがあった。

災害廃棄物に立ち向かう

「石井さん、すぐに来てください!」

災害が起きた時、頼りになるのは廃棄物処理業者たちである。震災や洪水、津波で大量の建物が壊れ、押し流され、膨大な廃棄物が発生する。それを一刻も早く除去しないと、住民の平穏な生活はおぼつかない。そんな時トラックで駆けつけ、てきぱきと撤去作業を進めてくれる彼らの存在が、泥まみれになった住民をどれほど勇気づけることか。

二〇一一年三月一一日、東北地方を大地震が襲った。東日本大震災と名付けられた大地震は、死者・行方不明者一万八四二八人を出す未曾有の大災害となった。さらに東京電力福島第一原発の被災による放射能汚染で、いまだに三万人を超える人々が福島県に戻れないでいる。そしてこの大地震で発生した災害廃棄物は一三道県、二三九市町村で津波堆積物を合わせると三〇〇〇万トンという巨大な量になった。

地震が発生した日、石井は福岡市であった全国産業廃棄物連合会の九州地区の集まりに来賓として招かれていた。テレビで地震を知った石井は、祝辞を述べた後急いで千葉に戻った。地震の翌日、社長室で会社の施設にあった被害の状況を社員から聞いていると電話が鳴った。「石井さん、すぐに来てください」。環境コンサルタントの青山俊介だった。

青山は、東京大学工学部で都市工学を学び、環境コンサルタント会社エックス都市研究所を興した人だ。旧厚生省や環境省の仕事を数多く手がけ、石井とは旧知の間柄だ。青山が「スケールが大きく、親切な人だった。肝胆相照らす仲」と言えば、石井も「環境を良くしようと頑張ってきた人。様々なことを教えてもらった」と評価する。

青山は、当時鉄鋼、商社、大手建設会社を中心とする日本プロジェクト産業協議会（ＪＡＰＩＣ）の環境委員会の委員長の職にあり、提言活動をしていた。

未曾有の災害廃棄物が発生すると予感した青山は、処理をどう進めたらいいか、関係者を集めて話し合おうと思った。頼まれた石井に異存があるはずがない。ＪＡＰＩＣ事務局の入る日本橋の鉄鋼会館に鹿島建設をはじめゼネコン幹部ほかの関係者が集まり、今後のことを話し合った。環境委員会の下にワーキンググループを設置し、災害廃棄物処理について処方箋をまとめ、国に提言することになった。石井は秘書役の島田康弘を社長室に呼ぶと、「島田は経営企画部なんだから行ってくれないか。提言をまとめる手伝いだ」と言った。

岩手県の被災地に近いホテルに泊まり込んだのは、青山と島田のほか、鹿島建設はじめゼネコン数社の幹部、建設廃棄物の処理で知られるタケエイ会長の三本守、国立環境研究所の研究員らで、いずれも廃棄物処理に詳しい。数日間にわたって議論し、「被災現場の特徴を見極め、ふさわしい重機を活用しながら現場でも大まかな仕分けをすべし」とする報告書をまとめ、環境省に提出した。環境省が災害廃棄物処理のマスタープランを発表する少し前のことだった。

この報告書では、岩手県釜石市をモデル都市として災害廃棄物処理の試行事業を行い、それを他の被災地の参考にしてもらうという提言もあった。

釜石市で試行事業を行うことになった。

石井は釜石市を視察し、市から委託された運搬業者が選別せず、廃棄物を仮置き場に持ち込んでいるのを見て心を痛めた。「これでは結局、後の処理とリサイクルをやりづらくし、費用も余計にかかる。こんなやり方をこれ以上広げてはいけない」。試行事業は、鹿島建設、タケエイなど三社の共同事業体で行われ、石井もたった一人ではあるが、堀地章五を技術顧問として現場に送り込んだ。石井はこの事業の目的について、社員らに行った訓辞でこう述べている。

「このプロジェクトは処方箋を示すことが目的で、仕事をとることではありません。この意味でしっかりと実業としての本領を発揮したいと思います」。

しかし、建設業者と廃棄物処理業者が平等な立場でお互いの特徴を生かしながら協力して進めるはずが、試行事業が終了し、岩手県がゼネコンを主体とする共同事業体に処理を任せる方針を決めると、廃棄物処理業者はゼネコンの下請けとして仕事をもらう関係となった。石井も複数のゼネコンに共同での事業化を働きかけたが、石井をもってしてもその壁は厚かった。

お膝元の千葉県で撤去作業

石井が被災地を視察したのは岩手県や宮城県だけではなかった。お膝元の千葉県も被災し、海沿いの旭市では一六人の死者・行方不明者を出していた。石井の会社でも、東京の埋立地にあったバイオエナジーや、千葉県内にある事業所の地面がひび割れし、地面がたわんだが、石井の関心は旭市に向かった。

千葉県の九十九里浜から犬吠埼に向けて旭市内の海岸線を車で走ると、空き地があちこちに見える。車から降りた私に近所の人が言った。「このあたりは低地になっていて、津波の被害が大きかったところなんだ。津波が来ると知っていったん逃げたが、その後自宅に戻ったところを襲われたんだ」。

市の防災資料館には、津波で壊された家屋や災害廃棄物の山のパネルが並び、テーブルに当時を伝える新聞が広げてあった。人々の記憶は薄れ、資料館を訪ねる人はまばらになってしまったが、職員は「あの日を忘れないためにこの展示はいつまでも続けたい」と強調した。

地震が起きた日、激しい揺れを感じた沿岸住民は、内陸の中学校など避難場所に逃げた。津波は三回押し寄せ、三回目が高さ七メートル超と最も大きかった。一六人の犠牲者の大半が、避難した後、「もう大丈夫だ」と自宅に戻ってやられた。三波に及ぶ津波は、家を壊して押し流し、大量の土砂を運んだ。道路一面に真っ茶色の災害廃棄物が溢れた。

市の環境課は、災害の応急措置について協定を結んでいた旭市建設業災害対策協力会に撤去を依頼した。翌日道路からの撤去作業が始まった。タクシー運転手の向後民二が「海岸線の道路はどこも通行禁止で入れない。重機を使って業者が作業をしているが、どこもかしこもぐちゃぐちゃでした」と混乱ぶりを語る。

市はまず内陸の旧中学校のグラウンド、次に海岸近くの野球場を仮置き場にし、業者が廃棄物を運び込んだ。しかし、これがよくなかった。建設業者は様々な災害廃棄物と津波堆積物を一緒くたにして持ち込み、積み上げた。市役所にはノウハウがなく、ただ見ているだけだ。仮置き場は真っ黒な廃棄物の山と化していった。

千葉県産業廃棄物協会は、県と災害協定を結び、県の要請があれば現地に出動できる仕組みになっている。会長の石井は県からの要請を待っていたが、県に対し市が廃棄物処理業者の応援を電話で要請したのは一五日になってからだった。県から要請を受けた石井は、協会副会長の岡林聰らに連絡を取った。岡林は理事の石井準一郎に連絡した。岡林は共同土木の副社長、石井は石井興業の社長で、いずれも建設廃棄物の中間処理業者としてこういう時に頼りになる存在だ。

廃棄物の量に圧倒される

県の職員と共に現地に入った二人は廃棄物の量に圧倒された。岡林は三日後に協会の災害対策委員会の正副会長会議を開き、状況を説明した。その後災害対策委員会のメンバー全員で旭市、九十九里町、山武市の被災地を視察して回った。この時は三市町共に出動要請があるかもしれないと考えての行動だった（その後九十九里町と山武市は廃棄物が少ないことがわかり独自に処理した）。この情報は石井邦夫にも報告された。

そして市と相談した結果、高俊興業、共同土木、石井興業、タケエイの四社で、旭市の旧中学校グラウンドの仮置き場の災害廃棄物を試行的に選別することになった。今度は四社の役員らが災害現場と四カ所の仮置き場を回り、災害廃棄物の量を推定すると、とても四社だけで処理できる量ではない。処理を行う業者を募集することになり、協会が千葉市内で開いた説明会には約一〇〇社が参加した。

処理体制づくりが始まった。委員会の下に現地本部をつくり、四社を代表する社員が六カ所の仮置き場の作業を統括する。さらに各仮置き場に選別チームを配置して作業を進めることになった。現地本部の統括責任者に選ばれた高俊興業の大賀実（現専務）は、三五年前にダンプの運転手として入社し、叩き上げで専務にまでなった人物だ。重機の扱いにたけ、粘り強い仕事ぶりが身上だ。

仮置き場は高さ三メートルの廃棄物の山となっており、これをどう選別するか、大賀は頭を悩ませた。そして重機一台にオペレーターと呼ばれる操作員と作業員の計三、四人で組み、各仮置き場に配置することにした。四社の社員を六カ所の仮置き場の責任者にし、重機を保有し操作できる社員のいる会社や大型トラックを持つ会社に声をかけてチームを編成していった。廃棄物を見て、どれだけの人数が必要か、どんな機材が必要かを見極めるには、長年の経験がものを言う。その大賀にして戸惑いがあった。「あんなにごちゃまぜにして積み上げている廃棄物を見たのは初めてでした」。

選別は少しずつ進んだ。ところが障害が起きた。廃棄物の受け入れ先が見つかりながら搬出することができないのだ。廃棄物処理法は災害廃棄物を一般廃棄物としており、産業廃棄物の処理施設で処理することを認めていない。正当な理由があって処理せざるを得ない時には、その一カ月前に県に届出し、承認を得なければならなかった。環境省は政令を改正し、処理を始めてから届け出をしてもよいと柔軟な対応をとった。ところが壁になったのが旭市と処理業者との契約だった。八〇社を越える業者に対し、事務手続きを行う市の担当者は数人。しかも不慣れと来ていた。手続きは遅れに遅れ、搬出が始まったのは震災から三カ月がたっていた。

悪いことに梅雨入りし、積み上がった災害廃棄物は雨で腐敗が進み、上部はどろどろになって崩れ始めた。反対に底の方は重みでかちかちに固まっている。

それでも作業員たちは懸命に作業を続けた。ユンボの先にクラブフォークをつけ、手作業で粗選別を行い、網がついたスケルトンバケットで、五センチ角の廃棄物とそれ以上の大きさの廃棄物にふるい分けた。選別の速度を速めるため、移動式の振動ふるい機やトロンメル選別機も投入した。

大賀自らユンボを動かしたこともあった。スケルトンバケットに替えて作業するようユンボのオペレーター（運転手のこと）に指示したが、廃棄物がうまくより分けられない。「どうしたんだ」と言うと、オペレーターが「免許はあるのですが、やったことがありません」。大賀は運転席に座ると実演してみせた。「ほうら、底に布のようなものがあるとふるい分けられないだろう。廃棄物がどんなものか見極めながらやるんだよ」。

彼らが悪戦苦闘していたにもかかわらず、「騒音で迷惑だ」「津波の堆積物をなんで内陸の仮置き場に持ってくるんだ」と苦情を言ってくる住民もいた。反対に「大変な仕事だねえ。ありがとう」と、獲ったばかりの魚を差し入れしてくれる住民もいた。大賀は「地元に何か還元できないかと、廃棄物から見つかった写真や位牌など、家族にとって記念の品と思えるものを、きれいに洗って体育館に並べました。これは皆さんに感謝されました」と話す。

そんな彼らを石井邦夫は励まし続けた。

石井は、作業を開始する前に辞令を交付し、「人々のために大変な役目を担っている仕事だ。頑張ろう」と鼓舞した。その後も現場を訪ねると、清涼飲料水を配って歩いた。そして一人ひとりに「ごくろうさん」とねぎらいの言葉をかけた。二年後の一四年春に作業が終わった時には感謝状を渡し、彼らの健闘を称えた。この間に撤去・処理した災害廃棄物は七万五九〇〇トンにのぼった。

幾つかの問題点があったにせよ、処理業者が主体となって行った的確な処理体制、その迅速性と選別の的確さは全国でも群を抜くものだった。この旭市での取り組みを全国のモデルにしようと考えた石井は、これを「旭モデル」と呼び、環境省はじめ関係者にその有効性をアピールした。

スムーズに進めるために

処理業者との契約手続きが難航した旭市だが、同じようなことが多くの被災地で起きていた。自治体が業者と契約を個々に結ぶことで処理が遅れることは、最初から予想できたことだったと、協会の関係者は明かす。「旭市が協会と一括契約して委託してくれれば契約書は一枚で済む。協会が処理業者を選び、再委託する方式にすれば、はるかに効率的だ。どの会社がどんな機材を揃え対応できるのかがわかっているのだから」。

良い方法だが、それを妨げているものがあった。廃棄物処理法が再委託を禁止しているのである。実は東北地方に入ったものの災害廃棄物に手を出せず困っていたのがゼネコン各社だった。先に紹介した岩手県のように、県や市から委託されたゼネコンは元請けとなるが、実際に処理するのは膨大な数の下請け業者たちである。しかし再委託が禁止されているために、このままでは下請け業者に発注できない。

元請けになるのが千葉県の協会か、それともゼネコンかは別にして、石井はこの規定を改めさせようと動いていた。環境省の幹部らに旭市の被災地を見せ、緊急時には再委託を認めるよう要請した。また、岩手県や宮城県の被災地を視察して回った政務官らに実情を伝え、災害廃棄物の処理をスムーズに進めるために、幾つかの提案をしたという。その政務官が現地視察を終えた後、内輪で報告会を開いた。石井も出席した。会合には出席予定でなかった環境省の首脳も出席し、報告に耳を傾けた。首脳はその後、知人にこう打ち明けている。「石井さんは何で政務官を知っているの。すごいね」。

これまでに築いた政治家の人脈を使い、処理を行う上での障害物を独自に取り除こうとしていたのである。こんなことがあった。当時は民主党政権だが、石井は自民党だけでなく民主党にもパイプがあり、「影の総理」と呼ばれた仙谷由人から何度も招かれ、災害廃棄物の扱いについて相談を受けていた。これが功を奏したのか判然としないが、その後同省は省令を改正し、緊急時に再委託ができるようにした。それを受けてゼネコンが本格的に動き出したのは夏になってからであった。

一方旭市と同様にゼネコンに頼らず、自ら業者に発注し、効率的に進めた市もあった。宮城県の仙台市と東松島市は、仮置き場に持ち込む段階から分別を徹底し、選別を効率的に行なった。私は当時、両市の作業現場を取材したことがあったが、その動きは迅速で的確で、県任せにし、処理の遅滞を招いていた市町村とは対照的だった。県とゼネコン任せにせず、業者選定も市の特徴にあわせて行なった結果、両市の平均処理コストは宮城県全体に比べはるかに安くすみ、いち早く処理を終えたのである。

釜石に送り込む

ところで、旭市の仮置き場で大賀らが選別に取り組んでいた二〇一一年の九月初め、石井の命を受けた堀地章五が岩手県釜石市に向かっていた。七月に開始された鹿島建設、タケエイら三社による試行事業は、廃棄物に含まれる土や泥が多く、選別作業が難航していた。技術顧問として作業員らに選別技術を指南し、処理の効率を高めるのが堀地の役目だった。

この現場で威力を発揮したのが移動式の破砕機だったが、堀地はこの破砕機の操作に習熟し、廃棄物処理全般の知識も豊富だった。少しわき道にそれるが、石井の会社が全国に先駆けて移動式破砕機を導入した経緯を紹介したい。こうした災害廃棄物処理に貢献したこの装置も、誰かが率先して導入し、技術を磨かなければ、災害時に使い物にならないからである。

随分前になるが、堀地が廃棄物の展示会に行くと、スウェーデン製の破砕機に目がとまった。トラックに載せる形式で、企業や自治体が使えば便利じゃないかと、堀地は感じた。会社に戻ると、石井にこのことを説明し、「ぜひ、やらせてください」と懇願した。「わかった。やってみろ」と石井はうなずいた。営業部の荒井孝雄に自治体のニーズ調査を頼み、需要があるとわかると、堀地は輸入元の会社と話をつけ、移動式破砕機を手に入れた。しかし、一億円もするから使用料もかなり高くなる。長期間にわたって使おうというところはなかなか現れなかった。「お前たちのおもちゃじゃないんだよ」と石井に小言を言われていた頃、堀地は千葉県の幕張メッセの廃棄物展でデモ運転をした。千葉市の清掃局長から相談を受けたのはその直後だった。千葉市の処分場が間もなく満杯になりそうだが、新処分場ができるまでに三、四年かかる。それまで延命したいが何とかならないかというのだ。堀地は「うってつけのものがあります」と勧めた。

移動式破砕機は実力を存分に発揮した。掘り起こした廃棄物も含め、三年後に処理が終わった。堀地は会社を代表して市から感謝状をもらった。さらにおまけがついた。千葉市長が全国市長会議でＰＲしてくれたのだ。それを聞いた新潟市の職員から「ぜひ使いたい」と相談を受けた。堀地と荒井は喜び勇んで市役所に向かった。担当者から話を聞き、現地を確認すると、提案書をつくった。しばらくして職員から連絡が来た。「部長段階でストップがかかった。金がかかるものはダメだと言われました」。堀地ががっかりしていると、また連絡がきた。「すぐに来てください。たまたま職員が持っていた提案書を『これは何だ』と言って見た市長が興味を持ち、会いたいと言っています」。

二人は新潟市に移動式破砕機を運び込んだ。四年間の契約を取り交わすと、社員一人を派遣し、現地採用の五人とチームを組み、使い方を教えた。こうした経験が災害の時に役立ったのである。

釜石市に派遣された堀地は二カ月間、ホテルや地元の有力者の自宅を転々としながら過酷な生活を続けた。釜石での経験を生かし、翌年には宮城県気仙沼市の復旧工事にも携わった。しかし過酷な作業で、心身を疲弊させた堀地は体を壊し、工事完了を待たず千葉に戻った。災害廃棄物との闘いが過酷な環境で行われたことを忘れてはならない。

結局、東北地方では県が行う災害廃棄物の処理はゼネコンが受け、地元の建設業者や処理業者が下請けとなって働いた。短期間にネットワークをつくりあげたのはゼネコンの力量によるものだが、「災害廃棄物処理の最大の貢献者である処理業者たちは冷遇され、公平な扱いではなかった」（コンサルタント会社）との評もある。中にはその後起きた災害でゼネコンに頼らず自治体と契約し、復興に貢献したタケエイのような会社もあったが、動脈産業と静脈産業の力関係が災害時にも現れた結果とも言える。

中にはこんな関係者の証言もある。「処理業者たちが何社かで現地入りし、復興のために動こうとしたことがあった。ところが、ゼネコンの関係者から、『自分たちがやることになっているので、引き払ってほしい』と言われ、撤退するしかなかった」。

東日本大震災は、災害時の対応をめぐって様々な課題を浮かび上がらせることになった。石井の指示を受け、全国産業廃棄物連合会は二〇一五年、環境省に意見書を提出した。災害が起きた時に円滑に処理できるよう七つの項目をあげていた。一部は実現したが、大半が積み残されたままとなった。中には連合会が意見書に盛り込めずに終わった項目もあった。長年の懸案事項となっている廃棄物の区分問題である。処理を遅らせる大きな要因に災害廃棄物を一般廃棄物としていることがある。一般廃棄物なのでそのままでは産業廃棄物の処理施設に持ち込めない。産業廃棄物の収集・運搬業者も運べない。産廃業者が都道府県に届ければ災害廃棄物を扱えるというが、そんな面倒な手続きが本当に必要なことなのか。

連合会の会員たちから産業廃棄物と一般廃棄物のカテゴリーに災害廃棄物を新設し、どちらの業者でも扱えるようにすれば良いではないかとの意見が出た。被災した岩手県も同様の意見を環境省に寄せていた。しかし、この見直しには一般廃棄物処理業界を気にする環境省が難色を示していたことから、意見書には盛り込まれずに終わった。

この東日本大震災による災害廃棄物の処理について、環境省や岩手県、宮城県などの自治体が分厚い報告書をまとめている。いずれも自分たちの取り組みばかりが強調され、泥水につかりながら奮闘した廃棄物処理業者たちはほとんど登場しない。また、今後の災害廃棄物対策のために環境省が検討会に提出した素案を見ると、災害時に再委託を認めるのはゼネコンとあった。これに対し、石井は反発し、連合会として「ゼネコンに限定する必要はないはずだ」と意見を述べ、後に素案から削除されることになった。石井が提唱した「旭モデル」は官僚から一顧だにされなかったということか。

メタン発酵・発電施設

第四章
更なる発展へ

行徳工場のリニューアル

工場のリニューアル計画

石井のリサイクルの理念を体現する行徳工場も、リニューアルの時期を迎えていた。念願の工場を石井が手に入れてから約二〇年の歳月がたち、廃プラスチックのＲＰＦ（固形燃料）化施設はあちこちにきしみが生じていた。

一九九九年春行徳工場に、入社したての松本博希が赴任した。入社の際、松本は「まずは二、三年、工場の製造部門を経験させてほしい」と希望を出し、それがかなえられた。行徳工場に行って松本は驚いた。大量の廃プラスチックが次から次へと運び込まれ、それを処理するためにみんながひたすら働いていた。廃プラスチックとの格闘という言葉がぴったりだった。

しかし、入社して三カ月たって、松本はある疑問を感じ始めた。搬入される廃棄物の量に対しＲＰＦの製造量があまりに少なく、大量の廃プラスチックが最終処分場に搬入されていたのである。松本は廃棄物の組成分析をはじめ、関連の資料を集め、原価計算をしてみた。原料の廃棄物のうちどれぐらいの量がＲＰＦになったのか、その歩留まり率をはじくと六％にしかならなかった。とても儲けを出しているとは言えない。将来工場運営は難しくなるのではないかと感じた。

その原因はＲＰＦの製造に向かない廃棄物があまりに多く、選別が困難なことにあった。それに破砕機の性能が悪く、破砕に長時間を要し効率が悪い。破砕機はビニール袋のような軟質系の廃プラスチックの裁断に不向きだった。軟質系は軽いので裁断しても選別の流れに沿って下部に落ちにくく、次の工程まで時間がかかる。ＲＰＦを造り始めた頃はパルパーかすが多かったが、その後次第に軟質系プラスチックの混合廃棄物が増え、工場の設備が対応できなくなっていたのだ。これを改善するには設備更新が必要になる。そう確信した松本は上司に進言したが、巨額の予算を伴うこともあり先送りされていた。

二年たって土師隆が行徳工場の工場長に就任した。新日鉄から出向してきた土師は福岡県育ちで、京都大学・大学院で機械工学を学び、新日鉄では圧延機の設計をしたり新規事業の開発を手がけたりしてきた。巨大企業の技術者として終わろうとしていた頃、「市川環境エンジニアリングに行く人はいないか」との社内募集に応じたのは、廃棄物処理業という新しい分野に技術者としての興味をそそられたからだった。

石井は、技術者として実績を残してきた土師を歓待した。管理部で半年勉強した後環境リサイクル部の部長に就任、行徳工場と東京営業所の長を兼務することになった。

土師は工場に来るなり、「これで稼げるのだろうか」と疑念を抱いた。戸惑いの表情を見せた土師に、松本は「この人ならわかってくれる」と相談を持ちかけた。問題点を挙げると、土師は「それなら計画書を出してくれ」と言った。最初から自分がやったのでは人が育たないと考える土師は、まずは松本に任せることにしたのである。構造計算や力学を使う場面では「松本は小学生の算数しかできないのか」と笑った。土師特有の、口は悪いが励ましの言葉でもあった。そして松本が困っているとアドバイスを与え助け船を出した。

やがて松本が提出した計画書は、ＲＰＦ事業の問題点を抽出し、それを解決するためには設備更新が必要だと結論づけていた。そしてそのための費用を一五億円とはじいていた。土師の承諾を得ると、本社で開く幹部会議で提案することが決まった。

幹部会議の日がやってきた。プレゼンテーションを任された松本が説明を終えると、ほぼ全員が反対した。「なんでそんなにお金がかかるのか」「本当に効果があるのか？」。それを土師は黙って聞いている。松本が「やっぱりだめか」と諦めかけた時、それまで黙ってやりとりを聞いていた石井が口を開いた。「いいから進めろ！」。その一言ですべてが決まった。

のちに石井は土師にこんなことをうちあけている。「うちの会社で、補助金をもらわずに大きな設備を造るというのは、初めてのことなんですよ」。それは石井にとっても大きな決断だった。

ＲＰＦの製造で最も重要なのが、原料として調達した廃プラスチックから塩素をどうやって取り除くかだ。固形燃料を買ってくれる製紙工場はボイラーを腐食させる塩素を嫌い、含有率を〇・二％以下に落とすよう求めていた。塩素は主に塩化ビニルの製品に含有されている。

ドイツ人の技術者は「塩ビのラップが悪い」

土師と松本は、除去装置を探し回り、ドイツのメーカーが開発したマルチソーターを扱うプラントメーカーを見つけた。コンベヤを流れる廃プラに近赤外線をあてると、塩素を含んだ廃プラを探し出して風を吹き付け、除去してくれるという。ドイツなどで開発されたこの装置はすでに欧州で普及が始まっていたが、日本には一台もなかった。日本で実績はないが、それをまとめて四台輸入しようというのである。

まずは千葉県にあるプラントメーカーの工場にマルチソーターを持ち込み、行徳工場から持って行った廃プラスチックで実験してもらった。ところが、何回やっても〇・六％までしか落ちない。見ていると、塩ビからできているラップ類は薄すぎて装置が検知しない。さらに廃プラが二つ以上重なると、下になった塩素含有の廃プラスチックは見逃されてしまっていた。

土師は「何とか改善してほしい。〇・四％まで下げてくれれば、残りの〇・二％分はこちらが塩ビを含まない廃プラスチックを多くし薄めて〇・二％にするから」と、プラントメーカーに提案した。技術者と相談しながら実験が続いたが期待通り下がらない。困った土師はドイツのメーカーから技術者を呼ぶことにした。

ドイツ人の技術者が工場にやってきた。そして、実験の様子を確認するとこんなことを言った。「塩ビのラップはダメだ。なんでこんなものが家庭ごみに入っているのか。ドイツでは使われていない」。

それでも一台二五〇〇万円するこの装置は計画通り納入され、日本のプラスチックの特性をマルチソーターに読み込ませる作業は一年続いた。トラブルは他の装置でもあり、廃プラスチックを乗せたコンベヤがよく詰まった。これらの装置は別の会社から調達したが、約束した性能が出ないことから、当初契約した金額から大幅に割り引かせることになった。

さらに松本の提言を受けて、土師は営業と運搬、工場の処理・製造をそれぞれ事業部制にして責任を持たせることにした。それまで営業担当者は、自分が契約して調達した廃プラスチックがどれぐらいＲＰＦになっているか、意識せずに集めていた。ＲＰＦにしやすい廃プラスチックなら工場の処理費は安くなるし、不向きなものが多い混合プラスチックなら高くなる。コスト意識を各部門で持ってもらおうというのである。こうした改善の積み重ねで歩留まりは大幅に改善し、現在の六〇％になった。

動脈産業と静脈産業の違い

動脈産業にいた自分にとって行徳工場は発見の連続だったと土師は振り返る。「廃棄物は性状が一定でなく日々刻々と変わる。天然資源を使う動脈産業とは違うからだ。しかし、だからこそ面白くて魅力がある。この会社に入って驚いたのは、経歴のまったく違う人たちがたくさんいたことだった。バラエティーに富み、この人はこんなことができる人なのかと驚かされた」。その多士《たし》済々《せいせい》の彼らを統率する石井は包容力があり、土師が聞くときちんとした答を必ず返す人だったという。

土師が石井をあらためて尊敬したある体験がある。東京営業所の所長だった時に社員が自治体の仕事を入札でとってきた。ところがそれまでその仕事を受注していた業者が石井に面会を求めてきた。「手違いがあったのでそれを降ります」と、自治体に申し出てもらえないかというのだ。石井は「どうするかは営業所の判断に任せたい」と答えた。無用な争いを恐れて穏便にすませることがこの業界ではよくある。しかし石井は違った。もし営業所が断ったことで業者が怒ってきても自分が責任を持てばよいことだ。

「ありがたい」。土師はその社長の要求を断ることにした。

これには後日談がある。土師に言われたまま営業所の社員が社長に断りに行くと、社長が言った。「気に入った。ぜひ、うちで働いてくれ」。社長に懇願され、この社員は石井のもとを去った。土師は現場の判断を大切にする石井が社長でよかったとつくづく思ったという。「でも、社員が辞めてしまったのはさすがに困りましたがね」と土師は苦笑いした。

容器包装リサイクルの芽生え

行徳工場の勤務が五年目に入ろうとしていた二〇〇四年夏。松本は、土師から千葉県習志野市にある習志野リサイクルセンターの所長を兼ねてくれと頼まれた。センターは古紙やビン、カンの選別保管などの業務をしていたが、赤字体質から脱却できずにいた。行徳工場の係長の肩書きのままセンター所長になった松本は、採算の悪い事業をやめ、新規に市町村の容器包装プラスチックの選別や廃プラスチックを素材ごとに分けて売却し、体質改善を進めた。

私は習志野リサイクルセンターを訪ねた。場内を歩くと廃プラ、段ボール、ミックス古紙などが品目ごとに分けられ保管されている。容器包装リサイクルの入札に参加し、東京二三区の区から容器包装プラスチックの保管選別の業務を請けている。古紙業者が集めた大量の段ボールもここでいったん保管し、古紙業者が自分の工場に引き取っていく。中継地の役目である。現センター長の土田岳史は、気を配りながら運営を続ける。地味だがリサイクルを円滑に行うためになくてはならない施設だ。こうした営みが資源循環社会の裾野を形成しているのである。

食品廃棄物でメタン発酵・発電

全国で初の食品廃棄物のバイオガス化工場

東京の玄関口、一丁目一番地で象徴的な仕事をするという石井の夢は、丸の内ビルディングの廃棄物処理で実現した。もう一つの夢は、東京の都心で先進的で本格的なリサイクル施設を持つことだった。その夢が実現する日が近づいてきた――。

東京湾に面する埋め立て地を車で走る。レインボーブリッジを渡って江東区に入り、海底トンネルから中央防波堤の内側と外側の埋め立て処分場へ。さらに海底トンネルをくぐり抜けると大田区の城南島に出る。東京都がスーパーエコタウンと名付けたリサイクル団地があった。

城南島には建設廃棄物の選別施設や食品廃棄物の飼料化施設など一〇の業者がひしめく。市川環境ホールディングスの傘下にあるバイオエナジーがあった。縦型のメタン発酵槽が二つ並ぶ。都内を中心に百貨店やスーパー、コンビニ、飲食店などから持ち込まれた食品廃棄物を発酵させ、発生したメタンガスで発電し売電している。

食品廃棄物や家畜の糞尿を資源にしたメタン発酵・発電施設は全国に約五〇あるが、食品リサイクル法のもとで食品廃棄物のみを原料にする日量一〇〇トン規模の大型施設として全国で一番早かった。何事も一番先にこだわる石井の自慢の施設だ。

工場に食品廃棄物を積んだパッカー車が入ってきた。ピットに落とされた食品廃棄物は、破砕機で細かく切断し、選別機でプラスチックや金属などの異物を除去し、調整槽をへてメタン発酵槽へ。発生したバイオガスをガスエンジンで発電する。発電量は一日に二万六八八〇キロワット時あり、二六〇〇世帯の消費電力に当たる。バイオガスの一部は都市ガスにも生まれ変わる。精製装置で二酸化炭素を取り除き、においをつけて都市ガスに改質し、東京ガスに供給している。一日二四〇〇立方メートルの供給量は約二〇〇〇世帯の消費量に相当する。食品廃棄物の処理能力一日一三〇トンは、約五九万人が排出する食品廃棄物に相当する。この施設の成功に刺激され、メタン発酵・発電施設が全国に増えつつある。

工場はまるで化学プラントのようだ。装置をつなぐ直径一五センチのパイプコンベヤが、床と壁、天井に、とぐろを巻くように配置されている。選別の過程で除去されたプラスチックなどの異物をこのパイプを使って運ぶ仕組みだが、これが難物なのだと、案内してくれた工場長の熊谷克巳が嘆いた。ビニールなどでパイプが詰まって動かなくなることがあり、そのたびにパイプのつなぎを外しては中の固形物をかき出しているのだという。

それにしても、全国初の工場が誕生するまでには、石井と社員たちの並々ならぬ苦労があった。

三菱商事と環境事業

東京進出は石井の悲願だった。千葉県を中心に中間処理施設を展開してきた石井だが、東京の施設はまだなかった。機会をうかがっていた石井に三菱商事の森村努から情報がもたらされた。都が有明先の埋め立て地に廃棄物処理施設を集め、スーパーエコタウンを展開するという。現在は市川環境ホールディングスのグループ企業、エム・エム・プラスチックの社長を務める森村だが、当時は三菱商事の機械グループの一員として、新たな環境事業の発掘に忙しい日々を送っていた。新エネルギー・環境事業本部の下に設けられた環境・水事業ユニットのグループがあり、水谷重夫がユニットマネージャーとしてグループをたばね、森村はそのグループの一員だった。水谷は森村と慶應義塾大学の先輩後輩の関係で、石井が亡くなった後に、市川環境グループを率いることになる。

一九八八年、米国の廃棄物処理会社、ウエストマネジメント社から日本進出の話を持ちかけられていた三菱商事は、その提携先を見つけようと動いていた。ウエストマネジメント社は約一兆円の売上高を誇る世界最大の処理会社。三菱商事は石井をパートナーにできないかと考えた。石井はその話に乗り焼却施設の立地先を探したが、地元の反対にあって、同意をとれず断念、間もなくマネジメント社は進出を諦めた。九〇年代後半にもウエストマネジメント社は政府関係者に打診を試みるが、処理業界を縛る日本の規制行政は変わらず、障害となっていた。

先輩から石井の話を聞かされていた森村は、市川環境を訪ね相談を持ちかけた。応対した企画開発部の部長と部下の中新田直生は、森村が帰った後、それを石井に伝えた。石井は、森村に協力してこの話を進めるよう部下たちに指示を出した。エコタウン事業は、通産省が拠点となる地域を承認し、自治体が静脈産業の施設を集め、循環型社会の起爆剤にすることを狙った事業だ。民間事業に関係省庁が補助金を出したりして支援する。全国の自治体に公募し、まず九七年に北九州市、川崎市など四地域が承認された。それを皮切りに全国に次々とエコタウンができ、現在二六地域が指定されている。

東京都のエコタウン計画が通産省に承認されたのは二〇〇三年とかなり遅い。当時の石原慎太郎知事が「首都圏再生緊急5か年10兆円プロジェクト」をぶち上げ、国に提言したその中に、首都圏の都県にエコタウンをつくることが盛り込まれていたのがきっかけだ。だが、首都圏の自治体はいずれも冷ややかに見ていた。

結局、都が単独で実行することになったが、都が埋立地に用地した土地はわずか一三万平方メートルしかなかった。一社あたりの割当面積は五〇〇〇～一万平方メートル程度と窮屈だが、地の利が良いので進出を希望する業者は多かった。

森村は、中新田と相談しながら、発電機能を備えた焼却施設、容器包装プラスチックのリサイクル施設、食品廃棄物のメタン発酵・発電施設、廃棄物を前処理し総合管理する施設の四つに絞った。計画には他の大手企業もかませ、一括提案しようと考えた。しかし、都の関係者に相談すると、都の方針と合わないことも多く、四施設を同時に認めてもらうのは困難だとわかった。それでも、強気で四施設で応募することにした。

欧州の施設を見て回った石井

このプロジェクトを担当した中新田は、大学を卒業した八四年に入社し、水処理や現場の配車や人繰りの管理を経て、新事業を考える企画開発部に配属されたばかりだった。

石井は、森村から話を聞いてエコタウンに進出したいと思った。しかし一つの事業に絞っても数十億円の規模になる。大企業ならわけなくても、年商がせいぜい八〇億円しかない石井の会社にとって、非常にリスクの高い事業である。企画づくりを進めていた中新田に、石井は「進出できても事業として失敗したら、うちの経営が傾いてしまうんだぞ。しっかり計画を練ってくれ」と念を押した。

石井は、容器包装リサイクル法や食品リサイクル法といった各種のリサイクル法に詳しい。法律ができる前から情報を集め、国の政策の風向きを知る。そして国より一歩先に出ようとする。今回のメタン発酵・発電施設もそうだった。二〇〇一年に施行された食品リサイクル法は法律事項（法律の必須事項である強要性＝権利・義務に関わる内容）のないあいまいな法律だ。食品廃棄物を年間一〇〇トン以上排出する事業者に、国が決めたリサイクルの手法に従ってリサイクルした実績を報告することを義務づけることで、かろうじて法律の体裁を保っている。しかし、それによってバイオエナジーが存在することも事実であった。ただ、リサイクルの手法は、堆肥や飼料の製造施設への持ち込みが優先され、メタン発酵施設は三番手に位置づけられていた。また堆肥や飼料の製造施設が排出事業者の近くにない場合には、排出事業者は市町村の焼却施設に処理を委託できるとされている。それぞれのリサイクルの特徴を生かし、平等に扱えばよいことなのだが、国の審議会ではスーパー業界代表などの委員が「メタン発酵槽から出た液肥（かすのこと）の再利用にめどがたっていない」と抵抗し、いまだに見直しがされないままだ。彼らが抵抗する理由の一つには飼料化や堆肥化の方が処理の委託費を安くあげられることがあると見られている。

しかし、欧州では九〇年代からメタン発酵・発電が各地で行われ、いまやエネルギー産業の重要な担い手となっている。旧厚生省時代から廃棄物の焼却を優先する環境省は「メタン発酵は信頼性が欠ける」と否定的だった。そのため国内では下水汚泥や家畜の糞を利用した小規模なメタン発酵施設がわずかにあるだけで、食品廃棄物に特化した本格的なメタン発酵・発電施設は皆無だった。

そんな状況で石井が全国初の食品廃棄物のメタン発酵・発電施設を目指すというのは冒険以外の何物でもなかった。しかし、石井はひるむことがなかった。二〇〇一年秋に中新田を連れて、ドイツのデュッセルドルフ、ケルン、ベルリンを訪れ、メタン発酵・発電施設を見て回った。そして日本もやがてドイツを追いかけることになるとの確信を抱いて帰国した。

消極的な環境省に比べ、食品リサイクル法を所管する農水省は、バイオマス資源の活用に積極的に動き始めていた。二〇〇二年に「バイオマス・ニッポン総合戦略」が閣議決定されると、バイオマスタウンの募集を開始し、農村を中心にバイオマス資源を利用して地方の活性化を図ろうとした。その主要な手法の一つがメタン発酵・発電で、農村のエネルギーの自立化に貢献できる。環境省とは違うこの新しい動きを見て、石井は自分の選択は間違っていないと思っていた。中新田らがまとめた事業計画案にだめ出しをしていた石井は、二回目の案が出ると、「よし、これでいい」とうなずいた。あとは都に提出し、選考結果を待つだけだ。

メタン発酵・発電施設が認められた

都に出された計画案は四施設を対象としていたが、結局、選ばれたのはメタン発酵・発電施設一つにとどまった。石井が期待していた容器包装プラスチックのリサイクル施設は、容器包装リサイクル法が施行されたにもかかわらず、二三区内に施設が存在しないことから、時宜をえた提案だった。しかし、当時の都は、ペットボトルの回収は自治体でなくスーパーなど事業者が行い、他の容器包装プラスチックは清掃工場で燃やしてよいと考えていた。そんな姿勢が環境局の選考結果に反映されたのだろうか。

メタン発酵・発電施設のために都が示した土地は約五〇〇〇平方メートル。そこから規模を割り出しはじいた総事業費は約四三億円と見積もられた。石井の会社の売上高の半分近い数字だ。しかも東京都の示した土地は三角地で、プラントのレイアウトには不都合だった。それなのに都の土地の売却価格は他の土地と変わらず約九億円。一平方メートル当たり一八万円もした。中新田らはその狭い三角地を有効利用するため、工場内に装置をぎゅうぎゅう詰めにすることを強いられた。さきほど紹介したパイプコンベヤも、そんな狭い土地と空間を有効活用しようとした苦肉の策だった。

資金繰りに苦慮していた石井に、三菱商事から朗報が届いた。農水省が食品廃棄物のリサイクル施設に補助金を出しそうだという。正式に発表されると石井は農水省に申請し、メタン発酵施設・発電施設の投資額約二八億円のうち一三・八億円の補助金が決まった。当時、メタン発酵によるガスで発電した電気は、現在のＦＩＴ（固定価格買い取り制度、一キロワット三九円で売電）ではなく、ＲＰＳ法（電気事業者による新エネルギー等の利用に関する特別措置法、二〇〇二年制定で国が再生可能エネルギー等による電力の利用量を定め、電気事業者に課す仕組み）のもとで行われていた。価格は安くても採算に乗ると石井は読んでいた。この補助金によってさらに利益が見込める。石井は「リスクの高い新事業だけに、これはすごく助かった」と後に私に語っている。

エコタウン用地から廃棄物が見つかる

装置の選定は、リストアップしたプラントメーカー二社から三菱商事の推薦を受けた三菱重工に決まった。通常受注したメーカーは顧客の要望をもとに基本設計し、その後実施設計に移る。ここで個々の装置をどう配置し、能力を引き出すかといった詳細な詰めを行う。顧客と協議しながらたっぷり時間をかけることが後々のトラブル防止につながる。ところが今回は補助金を受けるために稼働開始の期限が定められており、それをクリアしないと補助金が出ないという。中新田は「本当はじっくり検討しなければいけないことがたくさんあったのですが、『時間がないからこれで造ってくれ』となってしまいました」と話す。

それが工場完成後の度重なるトラブルにつながった。工場長の熊谷が指摘したくねくねとしたパイプコンベヤもその一つだ。廃棄物を送る時に詰まることが心配だが、三菱重工の技術者は「これは譲れない」と言い張った。敷地が狭いために建屋を小さくせざるを得ず、廃棄物をパイプで上下に移動させて処理することになった。手抜かりもあった。工場は臭気を除去する構造にしたが、隣接する事務所は不十分で、後に社員らは臭いに悩まされることになる。

工事が始まると、新たに難題が降りかかった。基礎工事をしていた地中からコンクリートガラや廃タイヤが続々と見つかったのだ。交渉の末都港湾局が撤去費用を払うことになったが、撤去作業のために工事は三カ月も遅れた。実は同様の産廃の違法埋め立ては他の予定地でも起きていた。土地を売却した港湾局はその事実を隠したまま、こっそり売却先に処理費を払っていた。

エコタウン事業の選定を担当した環境局は「売却した港湾局の責任」（資源循環推進部計画課）と逃げ、港湾局は「残土を持ち込んだ埋立地から廃棄物が見つかるのはよくあること。廃棄物が見つかったら撤去費用を払うと、契約時に明記した」と、私に答えた。埋め立て事業で産廃の違法埋め立てをチェックできない都の体質は、その頃進行していた豊洲市場予定地の売買をめぐっても同じ失敗を生み出すのである。

続くトラブル

工事の遅れで補助金がもらえない可能性が出てきて、石井がやきもきしていた頃、それに輪をかけるようなことが起きた。設置された発酵槽で事故が起きたのである。敷地に二つ設置されたメタン発酵槽に注水し、問題がないか作業員が検査にかかった時だった。突然、あちこちから水が噴き出した。

「どうなってるんだ」。連絡を受けた三菱重工の技術者らが駆けつけた。調べると、発酵槽に亀裂が入っていた。そこで発酵槽の内側にカーボンファイヤーを貼りつけて補強したが、報告を受けた石井は暗澹《あんたん》たる思いになった。

これで補助金受給の期限に間に合わないことは確実となった。しかし、予想外の出来事が石井を救った。その頃起きた中越地震で、市川環境エンジニアリングに脱水機を納入する予定だったメーカーが被災し、工場が停止してしまった。それを知った農水省は、脱水機が納入されるまで期限を延ばしてくれた。

こうして二〇〇六年四月、待ちに待った供用開始を迎えた。

だが、しばらくしてメタン菌が活性化せず発酵槽でガスが発生しなくなった。メーカーがつくった手順書は役に立たず、やってきたメーカーの技術者も首をひねるばかり。それでも改善策を検討し、メタン菌の活性化を図るために施設を手直しした。トラブルは他にもあった。工場に搬入された食品廃棄物は一メートル四方の円筒形の鉄の箱に入れて、太さ一・五センチのワイヤでつり上げ粉砕機に落とす仕組みだった。二カ月ほどたって工場内に「ドーン」という大音響がした。ワイヤが切れ、鉄の箱が床に落ちた。さらにパイプコンベヤが詰まった。「どこで詰まってるんだ」。作業員らが機械を止めて、パイプを外して詰まった廃プラスチックをかき出す。こうしたトラブルを重ねながら工場を立て直していった。
うれしい誤算もあった。想定していたガスの発生量が大幅に増えた。食品廃棄物に含まれる水分が思ったほど多くなかったことなどでガス発生量が増えたからだった。しかし、発電機は二台しかない。そこで後に余ったガスを都市ガスに改質し、ガス会社に供給することになった。

否定的な国と先見の明があった石井

全国初の食品廃棄物のメタン発酵・発電施設を見ようと、全国から人々が見学に押し寄せた。自治体の職員も多く、それが焼却施設一辺倒だった自治体の考えを変えさせることにつながっていく。

さらに石井を喜ばせる知らせが宮内庁からもたらされた。天皇が施設を視察されるというのである。稼働して二年後の二〇〇八年七月二八日、雲が空を覆う夏の日、石井は天皇と同じノーネクタイに白のシャツ姿で臨んだ。まず、玄関近くで二五分かけて概要を説明し、それから並んで歩き、要所ごとに立ち止まっては説明した。その後ろを岸本悦也社長、茂木俊男工場長が続く。「関心を持って見ていただいた。晴れがましい日だった」と、石井は私にその日のことを語った。石井の手帳には大きな字でこう記されている。「天皇陛下　バイオエナジー行幸」。これまでの苦労が一瞬にして消え去った日の写真が、本社とバイオエナジーの会議室に飾られている。石井と長年親交のあった元厚生大臣の丹羽雄哉が語る。「これまでの廃棄物処理業界の地位からみたら、ちょっとありえない話。石井さんは大喜びだったが、私もうれしかった」。

その写真は、エコタウンに最新の混合廃棄物の選別施設を造った高俊興業の会長室にも飾られていた。高橋俊美は、市川市行徳の地主と周辺住民を五年がかりで説得し、九八年に建設廃棄物の積み替え保管施設をつくった。その後八年かけて住民を説得、最新の選別施設にリニューアルし、市川エコ・プラントと命名した。こうして建設廃棄物のリサイクルに自信を深めた高橋が目指したのが、スーパーエコタウンへの進出だった。市川環境と同時期にエコタウン事業に選ばれ、二年後の〇四年暮に東京臨海エコ・プラントを完成させた。「国の補助金をもらう手もあったが、うちは一円たりともいただいていない」というのが高橋の自慢である。

天皇はこの日、バイオエナジーの隣にあるリーテム東京工場も視察され、自動販売機からのフロン回収や破砕作業の説明を受けられた。その後リーテムの会議室で、エコタウンの社長たちと昼食をとられた。高橋が懐かしそうに語る。「天皇陛下との昼食会には私も出席させていただきました。エコタウンの事業者みんなにとって名誉なことでした」。

「僕が行くしかないか」

工場は無事稼働したが、さっそく食品廃棄物の集荷に苦労することになった。キロ三五円と設定した処理料金は堆肥や飼料の施設に比べて割高で、排出事業者から注文が来ないのだ。

食品廃棄物の調達を担当したのが、市川環境エンジニアリング東京営業所の瀬川順也だった。大学生の頃、石井の会社でアルバイトをしていた縁で入社した瀬川は、上司から「やってみないか」と誘われ、営業職に就いた。苦労して契約をとった時の達成感が何とも言えず、いつしか天職だと思えるようになっていた。

瀬川は三五円と聞いて、こんな値段でやれるのかと不安になった。業者を回っても「堆肥や飼料をつくる業者は二〇円で引き取ってくれるのに」と言われ、返答に窮した。しかし、メタン発酵はエネルギーに変わるから、再生品の販売に苦労することがないというメリットがある。やがて大手の食品製造業者や百貨店、大型商業施設が理解を示すようになった。

瀬川は一一年六月、バイオエナジーに業務部長として出向した。前の業務部長が異動し、その後釜にと同社が打診した人が次々と断り、公募することになった。瀬川は決心した。「誰も行こうとしないなら、勝手知ったる僕が行くしかない。知らない人がいったら苦労する」。

事故の教訓を糧に

翌一二年の九月二一日の未明。瀬川は工場からの電話で叩き起こされた。「大変です。発酵槽に亀裂が入り、消化液が漏れています」。慌てて工場に向かった。発酵槽上部のコンクリートスラブにひびが入り、ガスと発酵液が流出している。ただちにプラントを停止した。プラント会社が調べたが、原因を究明できない。そこで瀬川は、社内で独自に発酵槽を調べることにし、オペレーションを委託していた会社の従業員らに聴き取り調査した。

その結果、槽の上層部に廃プラと油のカスが溜まったことで、槽内に増えた異物が安全装置に溜まり、弁を閉塞状態にしたことがわかった。安全装置は、圧力が過剰にかかった時にガスを外に逃がすためのものだ。プラント会社は「搬入される食品廃棄物に異物が多いことが原因だ」と言い張ったが、緊急時に作動しないのでは「安全装置」とは言えない。

瀬川らは、事故内容をホームページで公表し、改修にかかった。再開するまで半年かかったが、その間石井もどうなるのかとやきもきしていた。オペレーションを他社に委託している形態にも問題があると考えた瀬川は、委託していた会社と交渉し、作業員をバイオエナジーに転籍させて、すべて自社で管理する形に変えた。「もし事故がなかったら学ぶことはなかった。都合の悪いことも、小さなトラブルも、包み隠さず報告してもらう体制をつくった」と瀬川は言う。こんな瀬川を石井は高く評価し、一五年に社長に据えた。

瀬川の夢は、第二工場を造ることだ。その夢を実現するため、石井が中期計画に第二工場計画を盛り込んだのは、石井が亡くなる少し前のことだった。

最新鋭の容器包装リサイクル工場

容器包装プラのリサイクルに進出

食品廃棄物専用のメタン発酵・発電施設を全国で初めて手がけた石井は、それだけでは満足しなかった。スーパーエコタウンへの進出計画で東京都に提案して受け入れられなかった一つに、容器包装リサイクル法による家庭から出た容器包装プラスチック（お菓子の袋、マヨネーズのチューブ、レジ袋といったペットボトル以外の容器包装を指す）のリサイクル施設があった。

石井はそれにこだわった。行徳工場で最初に取り組んだのが、廃プラスチックの材料リサイクルだったからだ。素材ごとに選別し、品質の良いペレットにし、高品質のリサイクル製品の原料として供給する。これが廃プラスチックの王道であることを、欧州の動きに敏感な石井はよくわかっていた。

その思いは、三菱商事の社員として石井に協力して提案書を書いた森村も同じだった。このリサイクル施設を別の場所で造りたいと、再び執念を燃やしていた。すでに同法に基づく容器包装プラスチックのリサイクルが二〇〇〇年から始まっていた。リサイクルの手法は、素材を生かしたまま再生ペレットや再生パレットなどを造る材料リサイクルと、製鉄所でコークスの代替品に使ったり化学会社でアンモニアの原料にしたりする化学リサイクルがあった。森村が目指すのは材料リサイクルだった。

容器包装リサイクル法のもとで参入を認められた業者がつくるペレットは、複数の素材が混じる混合プラスチックと呼ばれる粗悪品が多かった。それで造るパレットも低品質で、重たいものを載せるとすぐに壊れる一回使用の粗悪品だった。

森村は、壊れないパレットが造れないものかと考えた。そこで見つけたのが、明治ゴム化成が取り組んでいた高性能パレットだった。容器包装プラスチックは品質が不安定なので、それをあんこのように真ん中にし、外側を単一素材で品質の良い産業廃棄物系のプラスチックで挟む「サンドイッチ工法」を採用していた。

複数の素材が混じる容器包装プラスチックは、そのままペレットにしたのではとても使えず、選別して単一素材に戻すことが求められていた。その頃習志野リサイクルセンターの所長をしていた松本博希も、良質のペレットを製造できないかと考えており、後に森村に協力することになる。

森村の提案を受け、〇六年春に三菱商事は明治ゴム化成と合弁会社を設立した。パレットの市場性を検証したり、実際にパレットを造って実証実験したりする「離陸」に向けた準備のための会社だ。試作したパレットはＪＩＳ規格のA種をクリアした。A種とは一トンの重さに耐えられることを意味する。森村はその資料を片手に企業を回った。幾つかの企業が興味を示してくれ、足がかりを得た森村は、石井に合弁会社への参加を誘った。

「いい考えだ」。石井はその提案をすぐに受け入れた。さらに一社が加わり、四社の合弁会社「エム・エム・プラスチック」が発足した。お互いにお金を出し合い、融資を受けて工場を建設する環境が整った。場所は千葉県富津市の工業用地と決まった。

全体の企画や資金調達は三菱商事が、パレットの技術は明治ゴム化成が受け持つにしても、実際に工場を動かすのはリサイクル技術に秀でた石井の会社しかできない。森村から要請された石井は松本をエム・エム・プラスチックに出向させた。行徳工場での実績を評価したからだった。

三菱商事から同社に出向した森村は副社長兼業務部門長におさまり、松本は現場の責任者として森村を補佐することになった。

〇八年春に工場は竣工の日を迎え、石井は他の会社幹部とともにテープカットのはさみを握った。

経営危機の会社を石井が救済した

容器包装リサイクル法は、ペットボトル、ビン、缶、容器包装プラスチックなど品目ごとに分けて自治体が家庭から収集し、リサイクル業者に引き渡している。リサイクル業者の選定は、中身メーカーなどでつくる財団法人日本容器包装リサイクル協会が、自治体ごと、品目ごとに入札して決めている。リサイクルの費用は中身メーカーやスーパーなどの販売業者らが払う。

容器包装プラスチックの入札は、最初は材料リサイクルを優先し、業者が落札した後に残った量を化学リサイクル業者が入札し決まっていた。これはリサイクルにかかるコストは化学リサイクルの方が低いため、材料リサイクル業者を不利にさせないための措置だった。しかし、リサイクル原料を先取りすることによるうまみを知った材料リサイクル業者が次々と参入し、落札比率が高まっていった。今度は化学リサイクル業者が不満を抱き、協会はお互いの落札量を半分ずつにすることにした。

少し遅れてエム・エム・プラスチックが入札に参加したのは、ちょうどその見直しの時期にあたっていた。これがまずい結果を呼んだ。落札量の上限が決まったことで、材料リサイクル業者同士の競争が激しくなり、さらに落札価格の高止まり防止策として、落札価格の上位約一・五万トン分を無効にする制度が導入され、落札価格が急落したのである。先行する業者の多くは規模も小さく、あとで述べるようにエム・エム・プラスチックのような最新鋭の選別機を持っていなかった。身軽な彼らに比べ、エム・エム・プラスチックは六〇億円もの設備投資をしていた。その結果、初参加した二〇〇九年は先行する業者に大きく買い負けることになった。

翌年の入札はもっと悲惨だった。一件も落札できなかったのである。これでは電気代や給料の支払いにも支障が出る。森村は株主に支援をお願いして回り、急場をしのいだ。ところが、しばらくして、三菱商事は早々とこの事業からの撤退を決めたのである。ちょうど社内で不採算事業がリストアップされ、スクラップ化が次々と進んでいる時期だった。

森村ら三菱商事からエム・エム・プラスチックに出向した社員たちがそれを知らされたのは、撤退する寸前の秋になってからだった。「準備をしながらここまできた。すぐに撤退してしまうのはもったいない」と、森村は上司に翻意を促したが、結論は覆らなかった。

三菱商事の描いた収拾策は、投資した株主に泣いてもらって負債を減らし、石井にエム・エム・プラスチックを引き取ってもらうことだった。その提案を受けた石井は悩んだ。自分は引き取ってやりたいが、会社の財務担当者が「資金繰りが大変な時期になぜ、新たな投資をするのですか」と抵抗していたからだ。しかし、最後に石井は決断した。「いや、この会社は俺が引き取る。先進的なリサイクル施設じゃないか。それを潰したくないんだ。長い目で見ようじゃないか」。

ちょっと赤字が続くと、廃業したり撤退したりする経営者は多い。しかし、石井はその対極にいた。我慢強く社員らを見守るというやり方だ。失敗が続いても、その我慢がやがて利益を生んでくれる。それによって自信をつけた社員がさらに高みを目指すようになる。石井は今回もそんな道を選んだ。

工場に戻る

二〇一〇年の暮。石井が一〇〇%子会社化したのを見届けると、森村は三菱商事の本社に戻された。復帰した環境事業グループは廃棄物事業から水道事業に転じていたが、森村は気持ちを新たに事業に向かった。しかし、もの造りにかける工場の新しい発見と出会いの場がよみがえる。そこにはいつも一緒に働く仲間たちがいた。

やがて一流企業の肩書と高給を投げ捨て、石井のもとでもう一度働きたいと思うようになった。森村から連絡を受けた石井は夕食に誘った。都内の飲食店で話を聞き終えると、「一流企業じゃないか、やめて大丈夫なのか。給料も減るんだ。もう一回、考え直した方がいいんじゃないか」と再考を促した。だが森村は「ここで働かせてください」と引かない。

やっと石井が受け入れたのは三回目に会った時だった。森村はエム・エム・プラスチックの役員として入り直すことになった。石井は同社が傾いた時のことを考え、市川環境エンジニアリングから出向の形にしようと提案したが、森村は自分の考えを押し通した。

実はこんな体験があったからだという。エム・エム・プラスチックが入札に失敗して苦境に立った時、従業員を集めた。「給与の支払いが数日遅れるので了承してほしい」と頭を下げると、一人が言った。「森村さんはいいですよね。三菱商事から給料をもらっているから」。その一言が心に突き刺さった。一緒に釜のメシを食ってきたと思い込んでいたが、そうではなかった。今回も同じことをしていては、彼らの心をつなぎとめることはできないと。

森村の話を聞き終えると、石井は「そうか。わかった」と、静かにうなずいた。

単一素材に分ける

千葉県富津市の工業用地にあるエム・エム・プラスチックの工場を訪ねた。

自治体の保管施設から運び込まれた容器包装プラスチックは、ベールと呼ばれる一メートル角のサイコロ状に圧縮されている。工場でそれをばらし、解砕機で袋を破って、コンベヤに落とす。お菓子の袋、レジ袋はじめ様々な容器包装がその上を流れる。

他の多くのリサイクル施設と違うのは、コンベヤが高速で運ぶので、容器包装の形状がはっきりわからないことだ。コンベヤの端にはドイツ製のマルチソーターが設置され、「ヒュッ」

と音をたてて特定の容器包装を風で飛ばし除去している。

このマルチソーターが素材ごとにプラスチックを選別している。最初のコンベヤのラインではＰＥ（ポリエチレン）に風を吹きつけて飛ばし除去すると、次のラインに流す。今度はＰＰ（ポリプロピレン）が取り除かれる。さらに別のラインでＰＳ（ポリスチレン）が取り除かれる。近赤外線によって単一素材を選び出すことができる装置で、高品質のペレットを製造するためにはなくてはならない存在だ。

さらに浮遊選別機で塩化ビニル、ＰＥＴ（ポリエチレンテレフタレート）など比重の重いプラスチックを取り除いた上、造粒機に送ると高品質のペレットができる。ＰＳは圧縮してインゴットにし、リサイクル原料として販売する。以前はコンベヤの両側に人がついて異物を取り除く工程もあったが、マルチソーターの数を増やして自動化を進めた結果、その工程が消えた。

隣の建物では、純度の高いＰＥとＰＰのペレットを原料にリターナブルパレット（商品名ＭＭＰパレット）を製造している。耐久性があり、繰り返し使えるところに特徴がある。一回限りのワンウェイパレットは一枚一〇〇〇円前後で取り引きされるが、ＭＭＰパレットはその数倍で販売されている。再生ペレットはキロ約三〇円で販売している。高品質の製品を造るこの工場は、廃棄物処理というより、プラスチック製造工場である。

二〇一一年六月森村が社長に就任し工場が再出発すると、松本も同社に転籍し、その後副社長兼工場長になった。工場のリニューアルを一手に引き受け、営業を担当する森村を支えている。一時は経営危機に見舞われた同社だったが、債務が大幅に減って身軽になると業績は好転した。入札も順調で、毎年一万トン以上を落札している。二〇一八年は東京都、千葉県、埼玉県の市町と計一万四二〇〇トンの契約を結んだ。

「長い目で見よう」と石井が言った通り、資源循環の社会に向かう時代の潮流が、この工場の背中を押している。日本容器包装リサイクル協会は、入札方法を改善し、ペレットの品質や情報公開の進み具合を点数で評価し、高得点の業者には落札可能量を増やす仕組みを取り入れた。同社は五年連続一位の座にある。

コストを削減するために、従業員は当初の一〇〇人から四〇人に減らし、代わりに設備投資して合理化と効率化を進めた。松本は「いま入札状況は順調だが、毎年平均落札単価が下がり続けているのが気がかりだ。さらに設備投資して落札量を大幅に増やしたりして、単価の落ち込みをカバーすることも考えている」と話す。

リサイクル業界を引っ張る同社だが、欧州に目を転じると、いま大きな波が起きている。ドイツではソーティングセンターと呼ばれる巨大な選別工場が各地にでき、センターに設置された数十台のマルチソーターが威力を発揮している。再生プラスチックの高度化が進み、家電や自動車部品に使われている。日本容器包装リサイクル協会の調査では、再生ペレットはキロ八〇円から一二〇円で販売されている。それに対し日本では、品質の劣る混合ペレットが一〇～二〇円で流通している。

森村は「日本では、排出事業者からリサイクル費用をもらって業界が生存しているが、付加価値の高い高度な製品を造り、動脈産業の製品に利用される、リサイクル費用に依存しない業界にならないといけない」と語る。それは、石井が唱える廃棄物処理から資源循環産業化への脱皮とぴったり重なる。石井は業界誌の座談会でこう述べている。

「われわれの廃棄物処理業というのは製造業やその他産業から出る産業廃棄物を集めてソーティングして、それを処分するという流れで、製造業に対するサービス業的な存在でした。しかしながら、これからの循環型社会というのは水平型の社会に変わりつつあるのではないか。なぜなら、廃棄物として出たものをわれわれがソーティング、リサイクル、リプロダクトして、再資源素材もしくは新エネルギーを製造業の方に回す。再資源化できないものは最終的には焼却や埋め立てをする。そういうサークルが循環型社会という一つの社会であって、そのサークルがとぎれのない状況が循環型社会のあるべき姿です」（いんだすと　2016年1月号）。

日本では生ごみや大量の廃プラスチックが清掃工場で焼却されている。ドイツでは巨大なソーティングセンターが林立し、清掃工場がその優位性をなくしつつある。まるで再生可能エネルギーと石炭火力発電所の関係ではないか。日本でもそんな時代がすぐそこに来ていると、石井は教えてくれているのだ。

悲願だったベトナム進出

落とし穴

二〇〇〇年代に入って、石井は海外にその活動拠点を持ちたいと考えるようになった。中国、台湾、韓国、東南アジア……。各国を巡りどこかにリサイクルの種を蒔《ま》きたいと思った。それはやがて実現するのだが、そこに至るまでに思わぬ落とし穴が待っていた。

石井は、千葉県産業廃棄物協会の会長と全国の協会をまとめる全国産業廃棄物連合会の理事、副会長を長く務め、さらに二〇一〇年に連合会の会長に就任した。三年後には、副会頭を務めていた市川商工会議所の会頭に就任し、公的な仕事で多忙を極めるようになった。

社員数人で出発した会社は、成長につぐ成長を重ね、多数の子会社や支店を持ち、大手企業と組んでは新会社を立ち上げ、膨張を続けた。この頃には売上高はグループ全体で約一五〇億円、社員数は一〇〇〇人と、廃棄物処理業として五本の指に入るまでになっていた。これまでのように、行徳工場に出かけてみんなと一緒にみそ汁を味わうといった牧歌的な風景は、もう過去のものになっていた。あるOBは「連合会の会長になった頃か、その少し前ぐらいから石井さんは経営にあまり口を出さず、社員たちに任せるようになった。幹部が会社の実態を石井さんに知らせず、自分たちでことを運んでいた面もあった」と語る。

取引銀行の本店の行員ら数人が、予告なしに市川環境エンジニアリング本社を訪問したのは二〇〇九年の秋頃のことだったという。行員は「預金通帳をすべて見せてください」と幹部に迫った。財務状況を知るために片っ端から帳簿を調べ始め、調査は数日間に及んだ。過去に投資した際の借金の返済のために借金を重ねる体質と、管理部門強化を名目にした雇用の増加が会社の体力をそいでいた。銀行の支店から経営状況を聞かれた幹部が健全経営を言い張るだけで、実情を知らせなかったことが銀行側の不信感を招き、本店が乗り出す事態となった。関係者が言う。「実はかくかくしかじかと説明すれば、足りない資金を応援するなりの対応をとってくれたと思う。しかし、隠れて他の地銀から借金してしのいでいたことが、彼らの怒りを誘発した」。

石井も行員らを前に釈明させられた。行員が財務の実態をあばくと、石井は真っ青な顔で弁明した。「こんなことになっているとは知らなかった」。「それで経営者よくやってますね」。行員の辛辣な言葉に、石井は返す言葉がなかった。

その後、石井は本社が紹介したコンサルタントがまとめた改善策に取り組み、新規事業を絞り込み、人員削減などコストの圧縮をすることで収益の改善をはかった。やがて立ち直りを見せるのだが、この事件は、六〇歳を超え、まさに円熟期に入っていた石井に大きな反省を迫ることとなった。

負の遺産から正の遺産に

長野県小諸市にある市川環境の関連会社、イー・ステージの社長を務める鈴木宏信は、行員にこてんぱんにやられた石井の姿を記憶する。鈴木は言う。「ちょうど、買収した最終処分場の上を国の高速道路が通ることが決まってしまい、廃棄物を受け入れられなくなって赤字を計上した時期でした。石井とともに銀行に頭を下げたことがあるのです」。

石井がつくった負の遺産を富を生む資産に変えるために長野県に派遣され、社長を二〇年続けている。どんな負の遺産だったのか。

鈴木は石井の兄の息子で甥っ子にあたる。大学を卒業し、名古屋の会社で働いていた。父親から京葉興業に入るように言われたが、鈴木は「廃棄物の仕事には興味がない」といったんは断った。だが、父親は諦めず、今度は石井の会社を勧め、結局鹿島建設の関連会社ならと、市川環境エンジニアリングと資本関係のある都市環境エンジニアリングに入社した。

しかし、その二年後の九七年のある日、石井は鈴木を呼び出した。「長野に行ってくれないか。二年でいいから」。長野県で最終処分場を所有していた会社を買い取ったので、その会社の総務課長として赴任してくれというのだ。しばらくの間だけという約束で鈴木は承諾した。しかし、それが鈴木のその後の人生を大きく変えることになる。

長野県の会社に行って驚いた。元の経営者と石井ら新しい経営陣が対立しており、旧会社から移籍した社員たちが不信の目で鈴木を迎えた。さらに石井は、旧会社の経営者と結んだ株式譲渡契約を無効とし、投資した一部の資金の返還を求めて裁判所に訴えた。これに対し相手側も反訴し、泥沼状態になった。結局裁判は石井の敗訴で終わるのだが、新会社は旧会社が背負っていた最終処分場建設にかかる巨額の借金を、長い年月をかけて返済することになる。

鈴木は一九九九年に社長に就任し、経営の健全化に取り組むことになった。鈴木にとってみれば、一人落下傘で敵陣に降り立ったようなものだったが、それから二〇年間社長を続けた結果、社員や地元の人々から信頼される存在になっていた。

鈴木は社名を「イー・ステージ」にした。四つのEを組み合わせ、地球と共に生きるという気持ちを込めたのだという。同社を訪ねると広大な敷地に様々な中間処理施設が配置されていた。ストーカ式とキルン式の二つの焼却炉があり、周辺自治体の廃棄物や産業廃棄物を処理している。向かいにある破砕処理施設では、マットレスなどの処理が難しい廃棄物やコンクリートガラなどを破砕している。

さらに一日に一〇〇〇トンの処理能力がある建設廃棄物の選別施設、蛍光管や乾電池の処理施設、廃棄物とセメントを混ぜるセメント混練施設、コンクリート固化施設などが配置されている。中間処理に必要な施設がワンセットで集積しており、顧客のどんな注文もここだけでこなせそうだ。中でも鈴木の自慢は、全国でも数少ないコンクリート製の建物に有害廃棄物を封じ込める遮断型の最終処分場を持っていることだ。

地元の住民にこの事業を受け入れてもらうために、鈴木はそれこそ足が棒になるほど家々を回り、話し込んだ。「最初は帰ってくれと断られても、何度も通ううちに『お茶でも飲んでいきな』となります。やがて酒を酌み交わすようになると、お互い腹を割って話し合えるのです。夕方から飲みながら話し込み、目が覚めたら朝だったこともあります」と鈴木は語る。そして叔父に当たる石井をこう評す。「包容力があって、部下たちに信頼されていました」。

営業の極意を伝える

こんな失敗にもかかわらず、石井はめげることがなかった。

石井はいろんなところに人脈を広げ、アンテナを張り巡らせることに力を入れていた。例えば、健康を考え、毎日のように会員制の有名なアスレチッククラブに通っていた。そこには、様々な職種の人々がやってくるので出会いの場にもなる。「きのう、サウナでメーカーの取締役と知り合ったんだ。彼の部下の○○さんに会いに行ってくれないか。話はつけてある」と、石井から指示され、会社に赴くことになった社員は多い。

さきの鈴木が言う。「豪放磊落《ごうほうらいらく》で、分け隔てなく社員を扱った。人脈をつくる才能があり、それを使って、ふつうはとても会えないような人や会社を相手に仕事ができた」。

石井は自ら営業することもいとわなかった。副社長の岩楯が石井のお供をして都市銀行の部長を訪ねたことがあった。要件は事業とあまり関係のないことだった。要件が終わると石井がおもむろに言った。「少しお時間をいただけないでしょうか」。持参した資料を配り、会社の新たな取り組みについて説明を始めた。要を得て簡潔なプレゼンテーションに部長たちは熱心に耳を傾けた。

部屋を出ると石井が言った。「岩楯君よ。あいさつだけで終わっちゃだめなんだよ。その時は何も決まらなくても、何かあった時に思い出してくれるかもしれないだろう」。そう言うと石井はお茶目な笑顔になった。

ベトナムでコンポスト事業?

中国や東南アジアの国々を巡って、進出計画を温めていた石井が、ベトナムに目を開く出来事があった。二〇〇五年四月、千葉銀行の呼びかけで千葉県の経営者たちがベトナムを視察することになったのである。当時全国の経済団体や銀行、コンサルタント会社が我もわれもとツアーを組んでは送り込んでいた。その視察団に加わった石井は、すっかりベトナムに魅せられてしまった。

ベトナムは、一九八六年のドイモイ政策の採用で、計画経済から市場経済への転換を目指して、インフラを整備し、海外からの投資を呼び込んでいた。九四年春に米国の経済制裁が解除され、村山富市首相も夏に訪問、第一次投資ブームが起きる。石井が訪ねたのは二〇〇〇年代の初期から始まった第二次ブームにあたる。中国では賃金の上昇や反日運動などのマイナス面も現れ、ベトナムの賃金の安さや勤勉で親日的な国民性が日本人に好まれた。石井もそうだった。自分が会長を務める千葉県産業廃棄物協会はその年の秋に視察団を派遣し、石井は自分の代わりに腹心の豊田直樹を送った。

石井は二〇〇九年に、環境省の交付金を得てベトナムでのCDM事業のFS調査（事業の可能性調査）を行うことになった。CDMはクリーン開発メカニズムと呼ばれ、先進国が途上国で技術・資金などの支援を行い、温室効果ガスの排出量の削減量の一部を先進国が削減量としてカウントできる制度のことだ。京都議定書で排出量取引などと並ぶ京都メカニズムの一つとして位置づけられていた。

ハイズン市の家庭から出た生ごみでコンポスト（肥料）を造る事業が成り立つか可能性を見るためだった。埋め立て処分されても大気中に排出されるメタンガス（CO_2の25倍の温室効果がある）の発生が抑制される。市からもらえる処理費とともに、メタンガスの排出削減量の一部を手にし、それを現金化することができる。

この調査のために、市川の環境顧問として迎えたコンサルタントが中心になってまとめた報告書は、初期投資や運転コストを低くおさえることができれば施設普及の可能性があるとしていた。しかし、既存のコンポスト化施設の過半数がＯＤＡで機材の供与を受け、民間のコンポスト施設は経営に苦しんでいた。報告書はさらに、処理だけでは赤字だが、温室効果ガスの排出削減による売却利益がそれを上回れば事業化は可能と結論づけていたが、余りに楽観的だった。実際この頃、環境省の助成でＣＤＭのＦＳ調査が一〇〇件近く行われているが、ものになったものはほとんどなかった。

石井はコンポストの検討を打ち切り、自分たちが得意としていた固形燃料ＲＰＦの製造事業に目を向けることにした。

ＲＰＦに活路を見いだす

まだＲＰＦと決まったわけではなかったが、二〇一〇年石井はハノイ・ウレンコ公社と共同で事業開発する旨の覚書を締結した。ウレンコ公社はハノイ市の廃棄物事業を担当する国営企業で、どんな事業を始めるか協力して検討し、事業を進めていこうという内容の覚書である。

石井は、家庭ごみの処理料金は埋め立てが一キロ当たり一・五円、焼却が同二・五円と安いものの、有害な産業廃棄物の処理料金が約三〇円と日本とほとんど違わないことに注目した。ガソリンの値段も日本とほとんど同じである。物価を考えるとエネルギー原単位（生産額当たりのエネルギー消費）がすごく高い。それなら産業廃棄物を引き受けて燃料を提供するRPFの事業化が可能ではないかと考えたのである。

再び環境省から交付金を得ると、RPF事業のFS調査にかかった。一一年度から二年かけた調査では、ウレンコ公社が集め埋め立て処分しているレジ袋などの廃プラスチックと、製紙工場から出たパルパーかすを混ぜて石炭の代替燃料を試作し、事業化が可能か検討することにした。石炭はキロ当たり六〇〇〇キロカロリーの熱量があり、もっと高い熱量の廃プラスチックに比較的低い製紙スラッジを混ぜると、石炭ぐらいの熱量になるのである。

そこでウレンコ公社の傘下にある工場に、日本からレンタルの製造装置を持ち込んだ。試作を始め、工場のボイラーで石炭と混焼した。小型のボイラーは難点があったが、中型ボイラーなら黒煙も出ず、燃料として十分使えることがわかった。

FS調査の結果を披露する目的で、一二年にハノイで政府や関係者を招きセミナーが開催された。日本から駆けつけた石井は「廃プラスチックで燃料を造れば、埋め立て処分場の延命や未利用エネルギーの活用、排出されるCO$_2$が少ないという三つのメリットがあります。環境のメリットのため、ベトナムにプロモートしていきたい」と、期待を込めてあいさつした。石井は事業化を決断していた。

ウレンコ公社など関係者のほか、日本から環境省の谷津龍太郎審議官も出席し、この事業への期待を語った。谷津は環境省で地球温暖化対策畑を歩んできた国際交渉派で、廃棄物・リサイクル対策部長の時に、廃棄物処理による国際貢献を打ち出し、私にも「海外メジャーを育てるのが夢」と語っていた人だ。

石井がそれまでつきあってきた旧厚生官僚たちは、国内の廃棄物事情には明るいが、海外事情はうとい。欧州に比べて日本の立ち遅れを痛感していた石井は、ドメスチックな発想が肌に合わず、この頃は海外メジャーへの飛躍を大きな目標にしつつあった。その足がかりがベトナムだった。

二〇一〇年六月に部長だった谷津と会った石井は、「世界に通用する静脈産業メジャー育成を政策として推進したい」との谷津の言葉に共鳴し、彼が審議官に昇進してからも関係が続いていた（谷津はその後技官として初の環境事務次官になった）。

このセミナーの裏方として働いていたのが石塚肇だった。石塚はミネソタ州立大学に留学したことがあり、英語が達者だ。卒業後しばらく英会話学校の講師をしていたが、そこで知り合った商社マンを見て英語を生かした仕事に就きたいと思った。たまたま石井の会社が海外展開のための要員を募集しており、応募すると即採用された。

イノベーション事業室に配属となり、上司の加賀山保一のもとでベトナムの事業化に向けて働き始めた。事業室でベトナムの事業を担当していたのは石塚ら三人で、うち一人は外部から呼んだコンサルタント。石塚は廃棄物は素人である。得意の英語を買われてベトナムに出張しても、彼らの話す英語は米国と違い、巻き舌でわかりづらかった。会議の議事録づくりに四苦八苦していると、「何で議事録がつくれないんだ」と、上司から小言を言われるなど、最初は戸惑うことばかりだった。しかし、同僚に仕事の手順を習い、与えられた課題に必死にくらいついていった。一年間に一〇回以上ベトナムとの間を行き来すると、ベトナムの事情にも詳しくなり、重要な戦力になっていった。

ドイモイ政策で海外から企業が進出しやすくなったとはいえ、ごみ処理の方法も許認可の手続きも日本とは随分違う。石井はまずウレンコ公社と契約して両社で事業を運営することにした。いわゆる短期間での事業に適したＢＣＣという手法だ。そして、信頼関係が深まり事業がうまくいくと確信ができた段階で合弁企業を設立し、更なる飛躍を目指そうと考えた。

石井がウレンコ公社と事業協力契約を結んだのは二〇一四年三月。石井は、ハノイに駐在員事務所を置き、女性の高野友理を初代所長として派遣した。翌月、環境省の北川知克環境副大臣がベトナムのトゥエン環境副大臣とハノイで環境協力に向けた政策対話を行うのに合わせ、石井もハノイ入りした。懇親会では関係者に「将来は現地にミニエコタウンをつくりたい」と夢を語った。

その後もベトナムに足を運び、ウレンコ公社の幹部と合弁会社設立に向けた協議を重ねた。その結果、二〇一六年六月に合弁企業デコス（DECOS）社が設立された（市川環境エンジニアリングが五一％、ウレンコ公社が四九％を出資）。その夏ハノイのホテルでデコス社の設立祝賀パーティーが開かれた。パーティーには共産党幹部、在ベトナム大使館公使、現地の日系企業・銀行の支店長ら計七〇人が招待された。その輪の真ん中で石井は、通訳を介し、次々と名刺を配っては顔つなぎをしている。

そして会場の準備をした高野や石塚をねぎらい、「ベトナム、ひいては他のアジア諸国をはじめ、世界に羽ばたく第一弾としてよいスタートをきりたい。緊褌《きんこん》一番、頑張ってほしい」と励ました。その後、ウレンコ公社で、石井は公社の幹部と作業服を交換するパフォーマンスを行った。石井が持参した紺色の作業服を着た幹部と石井はがっちり握手を交わした。

日系の古紙再生工場から原料を分けてもらう

デコス社のRPF製造工場は、ハノイに近いフンエイ省のウレンコ公社敷地内にある。費用を安くするために、既存の工場の建物を利用することになった。日本から中古のRPF製造機械（月に五〇〇トン製造できる）が持ち込まれた。こうしたプラントの図面は、他社でプラント設計の経験もあった石塚の上司が担当した。

問題は原料の調達だった。装置は準備万端整ったが、原料の調達先と販売先が確保できないと、安定操業はおぼつかない。ちょうどウレンコ公社の近くに日系の古紙再生工場があった。トイレットペーパーを造る時に出てくるパルパーかすはプラスチックと繊維が主成分の廃棄物だ。それまではウレンコ公社に処理を委託し、公社は最終処分場に埋め立て処分していた。石塚らはこの製紙工場と交渉し、パルパーかすをキロ一円の料金で引き受けることにした。

次に売り先として考えたのは石炭ボイラーを使う事業所だった。キロ五、六円でＲＰＦを販売しようと考えた。工場は廃棄物処理業でなく固形燃料の製造業なので、ＲＰＦを売らないといけない。ボイラーの燃料の石炭はキロ一〇円しているので、その半分の値段なら競争力は十分見込める。しかし、石炭ボイラーはそのままでは使えなかった。同じ六〇〇〇キロカロリーの熱量でも燃え方が違うからだ。プラスチックは最初に一気に燃え出すので、その燃え方に合うようにボイラーに空気を送り込んでやらないといけない。メンテナンスが必要だが、うまく調節してやれば石炭代替として使える。石塚らが探した結果、製紙工場と飼料化工場など数社が契約してくれることになった。

一七年六月、石塚は高野の後任としてハノイに赴任した。駐在員事務所はマンションの一室を借り、所長とベトナム人女性二人のスタッフがいる。ベトナムでは駐在員事務所が営業活動をして販売することが禁止されているので、情報取集したり、環境省からベトナム環境省に出向した官僚や日系企業の人たちとのネットワークづくりに力を入れている。

ＲＰＦの製造工場では八人の社員が働き、年間三〇〇〇トンのＲＰＦを製造している。このうち数人は事前に来日してもらい、行徳工場でやり方を習い、付き合いのある鉄工所で修理の方法や安全対策を学ばせていた。こうした準備が安定操業を生み出していた。

工場に備えた装置はみなシンプルだ。破砕機で破砕されたパルパーかすは、磁選コンベヤに送られ、金属類が取り除かれる。その後定量供給機を経て造粒機に送り、ＲＰＦが製造される。原料がパルパーかすなので塩素がほとんどなく、行徳工場のように塩化ビニルを除去するための高性能のマルチソーターは必要ない。製造コストは驚くほど安いが、日本のＲＰＦ製造業のように、コストに見合う廃プラスチックの処理費がもらえるわけではない。日本ではＲＰＦの販売価格が一キロ当たり数円と低額でも、産業として成り立っているのは、コストに見合った処理費を受け取る仕組みがあるからだ。それに比べてベトナムは処理費が安すぎ、大きな利益を出すことは難しい。そこで多角化をめざすことになった。

ハノイに進出したイオンの「イオンモール・ロンビエン」一号店の開店に合わせて廃棄物の管理業務を受託した。デコスの社員が常駐し、廃棄物を分別するなど、廃棄物の管理業務を請け負っている。スクラップの売買も行っている。ただこの三事業の総売上高は年間七〇〇〇万円程度とまだ小さい。石井はこの工場を起点とし、事業をさらに拡大しようとした。その一つがミニエコタウン構想だ。工場を集め、工場から出た廃プラスチックを受け入れ、製造したRPFを供給する。廃棄物処理とエネルギーの供給基地の両方を兼ねようというものだ。だが、ウレンコ公社の敷地は一〇ヘクタールと、それほど余裕があるわけではなかった。さらに工場の規模拡大を認める代わりに、ウレンコ公社は家庭ごみの処理を引き受けることを条件にしてきた。焼却施設が造れないかという。しかし、ベトナムの家庭ごみの処理料金は一キロ一・五〜二・五円と安く、これではとても採算が合わない。

それでも石井は、デコス社に続いて環境分析を行う合弁会社を造り、なお事業拡大の意欲を失わなかった。担当する石塚らに「ＪＩＣＡ（国際協力機構）や環境省のバックアップを得ながら、ウレンコ公社と共にしっかりと事業基盤をつくってほしい」と期待した。

容器包装プラスチックリサイクル工場

第五章
業界の未来

振興法が必要だ

連合会の会長になる

「一番でなきゃ嫌だ。二番手では意味がない」と言い続けて、先進的なリサイクル事業を進めてきた石井だが、廃棄物処理に甘んじてきた業界を、資源が循環する新しい社会の担い手に変えるためには、その業界団体のトップにならなければならなかった。実績だけでなく、肩書があってこそ、業界を変えられるとの強い信念があった。それでこそ国や動脈産業とも公の場で向き合える。念願のその日がやってきた。

二〇一〇年六月に開かれた全国産業廃棄物連合会の理事会で、石井邦夫は満場一致で五代目の会長に選ばれた。その日石井は会社の社長室に戻ると、うれしさがこみ上げてきた。秘書に「まだ内緒だけど、俺、会長に選ばれたんだ」と明かした。まるでクラスの委員長に選ばれた小学生のようだったと、秘書は振り返る。

かつてこんなことがあった。廃棄物にＩＣタグをつけ、その移動の流れを電子マニフェストで管理するというアイデアを連合会の部会で提案した。石井はコンサルタント業者に依頼して研究を進め、実証実験を待つばかりだった。だが、「コンサル一社に任せるのはどうか」との意見が出て不採用になった。石井は「俺の会社だけじゃない。みんながメリットを享受でき、不法投棄の防止にもなるのに。俺が会長だったら通すのになあ」と悔しがった。一理事の力に限界を感じることが幾度かあり、石井は会長にこだわった。

理事会で会長に内定した後、東京都港区の明治記念館で開かれた連合会の総会で正式に会長就任が了承された。石井は壇上であいさつした。少し長いが石井の考えを端的に表しているので引用したい。

「われわれは本来の業を通して、リサイクルによって環境に便益をもたらすのみならず、温室効果ガスの削減も同時に推進するコーベネフィット事業を、国内外で実現できるノウハウを持っております。つまり、われわれ業界にとりましては追い風が吹いており、経済を牽引する要素を持っていることになります。産廃処理業者も悪貨を駆逐するために、業界の構造改革の取り組みを続けてきました。現在、取り組みの成果が現れ始めているとともに、わが国で産廃の適正処理体制を確立するための、さらに循環型社会を形成するための要件として、産廃処理業の振興が不可欠かつ重要であるとの認識が深まりつつあります。産廃はネガティブな話が多い。家業から企業へ、そして産業化を進めることが必要です。

私は会長としてポジティブな考えでやります」。

石井は、規制色の強い廃棄物処理法に限界を感じ、静脈産業を担う廃棄物処理業を振興するための業法（振興法）の立法化を視野に置いていた。副会長だった時、石井の提案で連合会内に「循環型社会の形成推進委員会」が設置され、産業廃棄物処理業界がどのような役目を負うかについて議論することになった。石井は事務局員に「業法に向けて本気で議論したい」と意欲を語った。業法はいまの連合会組織を創設した太田忠雄会長の悲願でもあった。それを復活させ、加速しようというのだ。

石井のいう業法とは、産業活動の中の幾つかの業種について、業者の資質向上や業の発展を目的として、その業に携わる業者を許可制にしたり、技術者を認定したりすることをいう。例えば建設業法（一九四九年制定）は、建設業者の資質の向上、工事の請負契約の適正化を図ることで適正な施工を確保するとともに、建設業の発達を促進し、公共の福祉の増進に寄与することを目的にしている。国は業種を指定、請負額に応じて許可制とし、技術的・資本的基準を設け、業者は工事現場に認定技術者を配置する義務がある。

廃棄物処理業の場合は、廃棄物処理法で廃棄物処理業を自治体が許可し、様々な規制が加えられている。それは業法の要素ではあるが、業界の発展を促したり、それに携わる技術者を認定する仕組みもない。不法投棄事件が起きるたびに規制強化が繰り返され、「これをやってはいけない、あれもやってはいけないと業界をがんじがらめにした法律」（ある処理業者）なのだ。これではリサイクルの障害になってしまうため、国は個別の品目ごとにリサイクル法をつくり、規制の一部を緩和してつじつまを合わせてきた。そんな弥縫《びほう》策ではもう立ちゆかなくなっているというのが、石井の考え方である。何しろ廃棄物処理業は製造業でなく、あいまいなサービス業に分類されている。業法ができれば、当然のことながら分類も見直され、製造業に加えられるか廃棄物処理業が新たに規定されることだろう。

石井が業法にこだわるのは、中小零細業者が大半を占めるこの業界を、法律で救済させるためではなかった。むしろ逆である。

石井は私に、「家業から企業へ、そして資源循環の産業化の時代が来ている。ダンプ一台持ってふらふらしてちゃいけない。時代に合った仕事ができるように変わっていかないといけない」と語っている。世の中の動きを見て、それに合った会社経営を行う。怠ればやがてこの業界から消えてなくなってしまう。でも、そうならないように連合会として、変わろうとする会社を支援したいという。業者が資源循環社会の担い手になれるように、国もこれまでのように規制一辺倒ではなく、業界の底上げにもっと手を貸すべきではないのかというのである。

タケエイ会長の三本守と石井が確認しあったように、小さい業者の合従連衡の時代が本格的に到来しつつあるのかもしれない。そんな時だからこそ、石井は業界の底上げが大事だと、私に強調して言った。「淘汰されるのは仕方がないが、まずは協会でしっかり教育し、資格制度をつくって、みんなが勉強して業界を底上げする。そこから始まるんだ」。

将来ビジョンを語ろう

石井が提案して連合会に設置された委員会は、しかし、石井の予想したものとはならなかった。経産省や環境省など中央省庁の官僚やコンサルタント業者を招いて勉強会が行われたが、結局、薄っぺらい報告書を出しただけで終わった。そうなったのは委員会に招いた経産省の課長の言葉が影響していたという。石井から「廃棄物業界には業法がない。つくるべきだと思うが、あなたはどう考えるのか」と意見を求められた課長は、「業法は電力とか鉄とか国策事業に多い。これからを考えると業法はもう古いと思います」と否定的な見解を述べた。「国が消極的なら制定は難しいと、その後の議論はしぼんでしまった」と出席者は語る。

しかし石井は諦めてはいなかった。これは政治が乗り出さないと前に進まないと感じた石井は、親しい丹羽雄哉元厚生大臣に相談した。話を聞いた丹羽は「石井さんの思いはわかりました。それなら業法案のスケルトン（骨格）を持ってきてください」と言った。

石井は連合会と二人三脚で動いている全国産業廃棄物連合会政治連盟の理事長を長く続けて

きた。業法の構想を温めたまま、連合会の会長に就任すると、石井は理事長の座を連合会の会長だった國中にバトンタッチした。

石井は「将来ビジョンを語る会をつくろう」と提案した。会員から意見をもらいながら、業界の将来ビジョンをつくる。そしてそれをもとに業法の骨格を定めようという考えだった。しかし、事務局幹部は、「将来ビジョンが何かよくわからない、業法といっても処理業者の許可要件といった項目はすでに廃棄物処理法に入っている」と消極的で、前に進まない。そこで石井は、若い人たちに的を絞り、全国各地を歩き、話を聞くことにした。これを業法に向けた出発点にしようというのである。「『若い人に意見を言う場がない』という指摘があり、気になっていた。本音が聞けてよかった」と私に語っている。

業法を振興法という形に変えて検討が始まるのは、一四年の年が明けてからだった。

法案検討を進言した政治連盟理事会

石井の思いが、協会全体で共有される日がやってきた。

一四年二月二一日、金沢市内のホテルで連合会の正会員会長・理事長会議が開かれた。それが終了すると、続いて全国産業廃棄物連合会政治連盟の理事会に移った。

政治連盟の理事会は、会議室のテーブルを都道府県の産業廃棄物協会の会長などで構成する理事が囲む。理事長で、連合会前会長の國中賢吉が口火を切った。

「建設業法が今回見直され、解体業が業種指定を受けることになった。解体業は建設業の地位を得たと僕はとらえている。それに比べて産業廃棄物処理業は廃棄物処理法の規制を受けている業ではあるが、業を育成し、振興する法は存在しない。業法が我々に必要じゃないか」。それに対し、理事たちが次々と賛成の意見を述べた。「規制ばかりで振興がなかった」「この時期をとらえてやればいい」。

広島県産業資源循環協会相談役の川本義勝も理事の一人として、親しい國中や石井に働きかけていた。川本は、以前父が浄化槽法という業法を議員立法でつくったのを見ていて、自分たちもやればできると考えていた。そして二〇一四年に建設業法が改正され、解体業者が指定業種に加わったことに触発され、政治連盟として提案すべきだと進言した。それでこの日の國中の提案になった。

川本は「廃棄物処理業界は循環社会を造る産業として経済の基盤作りに貢献していくことが重要になる。そのためには国の支援も必要ではないか。建設業法が改正され、解体業が指定業種になった。我々もこうした業法のもとできちんとした位置づけをしてもらいたいと思う」と私に語る。國中も「やるべき時が来たと思った。議員連盟にしっかり働きかけたい」と話す。

石井は、政治連盟理事会の要請を受け、全産連に振興策と法案を検討するタスクフォースの設置を急ぐよう事務局に指示した。石井は、業法をつくるためには政治家の後押しが必要だと考えていた。政治家の力を借りて議員立法を目指そうというのだ。

議員懇話会から産業・資源循環議員連盟へ

政治連盟についてここで簡単に説明をしておこう。太田忠雄会長は、政策を実現するには中央官庁に陳情するだけではできず、やはり政治家の力が必要だと痛感していた。しかし、連合会は公益団体で政治活動はできない。そこで一九八八年に太田の発議で全国産業廃棄物政治連盟が設立された。その後別組織の団体もできたが、九六年に合体し、全国産業廃棄物連合会政治連盟になった（現在の名称は全国産業資源循環連合会政治連盟）。

初代理事長には太田と仲がよかった都築鋼産の都築宗政が就き、その後理事長は数年ごとに代わっている。発足当初から太田の秘蔵っ子として石井は、理事として中心的な役割を担ってきた（二〇〇一〜〇六年まで理事長）。全国の協会の幹部が代議員などの名前で参加し、議員に陳情活動をしたりしている。

一方、受け皿の議員の組織として、八九年に自由民主党産業廃棄物対策議員懇談会が設立され、元厚生大臣の齋藤邦吉が会長に、丹羽雄哉が事務局長になった（後に会長）。石井は、元厚生大臣の丹羽をはじめ、千葉県だけでなく、全国を見渡しながら政治家とのパイプをつくっていった。丹羽が語る。「石井さんとは長い付き合いだが、スケールの大きい人だった。自分の利益のために動くような人ではなく、公平に物事を見ていた」。

二〇一四年になって自民党の環境部会長だった片山さつき代議士が、懇話会から議員連盟に衣替えするよう石井らに提案した。単なる議員の集まる懇話会よりも、自民党の組織として認められた議員連盟にした方が活動しやすいというのだ。石井も賛同し、積極的に政治家に声をかけ、参加者を増やしていった。もう一つ片山が指摘したのは「産業廃棄物」という名称を変えることだった。時代にそぐわないのではないかという。石井も元々「産業廃棄物処理業から資源循環産業へ」と唱えており、異論があるはずもなかった。

石井は、かねてから資源循環の重要性を唱えていたことから、その言葉をとり、「産業・資源循環議員連盟」とした。二〇一四年に設立された議員連盟の初代会長に丹羽が就任した（現会長は田中和徳代議士）。政治連盟の事務局長を長く務めた土井洪二は「石井さんのお供で国会議員の集会や経済界の会合に出ることが多かったが、臆することがまったくない人だった。経済界を代表するような方とでも対等に話し、しかも知識が広く深いから、相手もつい引き込まれる。頼りがいがあった」と話す。

石井はその後、全国産業廃棄物連合会の名前を全国産業資源循環連合会に変えることを理事会に提案、承諾を得た（正式に名称変更したのは二〇一八年四月）。いまや業界は廃棄物処理だけではなく、廃棄物を使用して新たな資源を造り出したり、エネルギーをつくり出したりする資源循環産業化の動きが加速化している。それを反映した名称に石井はこだわった。

太田の遺志を引き継ぐ

太田が九四年に亡くなって二〇年。石井は振興策のとりまとめと法案を作成するために、専門家を交えたタスクフォースをつくって検討するよう専務理事の森谷に指示した。タスクフォースの人選で、石井と川本が「座長はこの人」と考えたのが加藤三郎だった。

加藤は、NPO法人環境文明21の共同代表で、環境庁の初代地球環境部長だった人だ。東大大学院から厚生省に採用された加藤は、後に「環境行政の神様」「ミスター公害」と言われた橋本道夫公害課長から「理系の人材が欲しかったんだ」と嘱望され、公害行政の道に進んだ。その後設置された環境庁に移り、リオデジャネイロで開催された地球サミットでは政府代表団の一員として活躍、温暖化対策を進めた。しかし、政府の内側から社会を変えることの限界を感じ、九三年に退官すると、市民運動に飛び込んだ。

石井は加藤が途中で退官してしまうことを知って心配したのだろう。環境庁の地球環境部長室を訪ねて話し込んだ。加藤が独立すると、加藤が設立したNPO法人の理事に就任し、連合会の研修や講習会の講師に招き、支え続けた。川本も、加藤がかつて厚生省の環境整備課長として、浄化槽法の施行に向けて努力したことを知っており、加藤を推薦した。し尿を処理する浄化槽は、当時五〇〇万台普及していたが、能力が劣ったり、ずさんな清掃・維持管理が横行したりして、法律による規制と業者の育成が急務だった。だが、浄化槽の製造業者を管轄する建設省（現国土交通省）と管理業者を管轄する厚生省の間で調整できず、自民党議員でつくる浄化槽対策議員連盟が議員立法化に乗り出した。管工事、清掃、維持管理の三つの業界を束ね、業種を指定、試験で資格を得た者に従事させる仕組みで、立法化の道筋は連合会のお手本となる。

タスクフォースは、川本と加藤宣行、杉田明義、藤枝慎治ら業界から五人、大学教授ら識者四人の構成となった。一四年夏の初会合に出席した石井は、「一滴の水が、時間がたつと小川になり、やがて大河となることを期待します」とあいさつした。まずは現状の課題を洗い出し、一〇年後の日本の姿を描き、目指すべき将来像と方策づくりに進むことになった。

議論百出の末、六項目の振興策

タスクフォースでの議論の結果、一五年一一月に報告書がまとまった。「廃棄物からの資源の創り手となり、排出事業者や広く社会から信頼され、働く人が誇り（自信や希望）を持ち、報われる業界」を将来像とし、そのための振興策として、資格制度の創設、研修等による人材育成「仮称・循環アカデミー」の検討、リサイクル品の品質基準の明確化と利用促進など六項目が提言されていた。

次にそれを条文に落とし法案の大綱にしなければならない。石井の要請を受け、タスクフォースのメンバーに環境省OBの伊藤哲夫が加わった。伊藤は「条文を書いてほしいということで声がかかり、お役に立てるならと引き受けました」と語る。

一七年一〇月に大綱（法案のたたき台。正式名称は、『資源循環を促進するための産業廃棄物処理産業の振興に関する法律案』）ができた。産業廃棄物処理産業の振興によって、環境負荷ができる限り低減される循環型社会の実現を促進するとし、事業者の責務として、循環資源の循環的な利用と処分、環境の負荷の低減、災害廃棄物の処理への協力、人材育成などを定めた。そして国は、人材の育成のために資格制度を創設すること、再生品の利用促進のために品質基準と利用基準を設定すること、優良な事業者の負担を軽減する措置を行うことを定めていた。

これまで無関心を装っていた環境省も、報告書が議員連盟に提出され、議員連盟の会合に幹部が呼び出されるに至り、連合会の動きに呼応せざるを得なくなった。細田衛士慶應義塾大学教授（現中部大学教授）らによる有識者検討会を設置し、振興方策を検討し、同年五月に振興策をまとめた。報告書は、振興策を「成長」と「底上げ」に分け、国、自治体、業界、排出事業者、地域住民ごとに役割分担を整理した。国の役割に再生品の循環利用を進めるための規格・認証の枠組み構築、低炭素化の取り組みへの財政的支援、リサイクル材の品質基準の整備促進と活用、公共調達で優良認定事業者との環境配慮契約の促進などの項目が並び、連合会がまとめた振興策と重なる部分も多い。廃棄物規制課の中に振興策を検討・実施のためのチームができ、改善策を検討することになった。

細田は「基本的には作業の質が高まるようにしないといけない。そのためには情報を公開する透明度の高い経営と、家業的経営を脱しビジネスにすることが重要だ。イノベーションを進めるために協業化、コンソーシアム、M&Aといった方法もある」と語る。資源循環の産業化を進めるために、小さな事業主の寄せ集めから脱していかないと業界の未来はないという細田の指摘は、「家業から企業に、そして産業化へ」と唱え続けてきた石井の主張と重なり合う。

資源循環産業の未来

低炭素実行計画

資源循環と並ぶ地球温暖化問題に対処するため、連合会は一七年三月に低炭素社会実行計画を策定した。中小の事業者が大半を占める業界（四七都道府県協会、約一万五〇〇〇社）にあって、計画づくりは容易ではなかったが、石井の指示で検討委員会を設置し、審議してきた。二〇二〇年度の温室効果ガスの排出量を二〇一〇年度と同程度にし、二〇三〇年度は一割削減の目標をつくった。ただ連合会を構成する都道府県の協会に参加する約一万五〇〇〇社（売上高約八六〇〇億円）に対し、産業廃棄物処理業界全体では約一一万六〇〇〇社ある。会員企業のカバー率は中間処理業五八％、最終処分業八五％に対し、収集・運搬業は一三％にすぎない。

この計画は二〇〇七年につくった「環境自主行動計画」に続くもので、傘下の企業は「廃棄物発電と蒸気を汚泥の乾燥に利用し、年一万七〇〇〇トンのCO_2削減」（石坂産業）、「汚泥、食品残渣でバイオマス燃料を製造、焼却していた汚泥の再生資源化で年三万一五〇〇トン削減」（フジイ）、「高効率焼却発電で年二六〇〇トン削減」（ショーモン）など、新たな取り組みも進む。石井の会社もメタン発酵、容器包装プラスチックの材料リサイクルで削減に貢献している。エム・エム・プラスチックの造るパレットは、バージン材で造るパレットに比べ一枚当たり二七キロのCO_2の排出削減になる。

二〇〇九年の業界誌のインタビューで石井はこう語っている。

「リサイクルといっても、最初は最終処分場の枯渇から、ごみの減容・減量化を目的に出発したのです。それが資源化になり、昨今ではCO_2削減ということで再生素材の回収と新エネルギーへの創造へと、時代が求めるニーズが変化してきました」。

「従来の社会では、野球のボールと同様に、放物線を描いて廃棄物が流れていました。県民、市民、消費者もごみは出しっぱなしで、排出事業者が投げたものを我々収集業者が受け取り、それが中間処理、最終処分へと流れていきます。我々廃棄物処理業者が消費者から集めたものをソーティング（選別）して、いろいろな素材をリサイクルして、ペレット化や燃料化して製造者に渡していくものづくりをし、それがまた流通していく。それぞれに主体者がいて、それがぐるぐる回る。それがリサイクルで、そのリサイクルの輪がシームレス（とぎれのない状態）になる形こそ、循環型社会のあるべき姿ではないだろうかと思います」。

「今、地殻変動が起きています。これからは横のつながりが重要になると思います。みんなが循環型社会の形成やCO_2排出削減について、真剣に考えないといけない時代になったといえるでしょう」（環境施設　NO118）。

商工会議所の会頭に、大学の客員教授に

千葉県産業廃棄物協会の会長となって二〇年を迎えようとしていた二〇一四年、石井は地元市川市の商工会議所の会頭に就任した。それまでは副会頭として会頭を支えてきた。会頭を要請されるたびに、石井は多忙を理由に断り続けていたが、他に引き受ける人がいないことから、結局受けることになった。

親戚で市川市の市議会議員松永おさみが言う。「温厚な人で、怒った顔を見たことがない。厳しい競争を勝ち抜いてきた人なんだが、人を蹴落とすという感じがまるでしない人だった。東日本大地震の時は、被災した市川市の地元のお寺に自腹を切って一〇〇〇万円寄付したし、環状道路では国土交通省やネクスコにパーキングを設置してほしいと交渉した。僕は、行事や会議に忙殺される石井さんを見て、三年やったからもういいじゃないかと言ったんだが、『なり手が誰もいないから』と、もう一期引き受けることになった」。

石井は市川市にある千葉商科大学の客員教授もしていた。二〇一二年、学長から学生に講義をしてほしいと依頼があり、石井は、学生の刺激になるならと快く引き受けた。そして、静脈産業の歴史に石井の体験を重ね合わせた講義を、大学院の院生たちにしていた。

二〇一七年に学長になった原科幸彦が石井に会う機会があった。大学に太陽光パネルを設置して自然エネルギー一〇〇％大学を目指したいと、原科が抱負を語ると、石井は「それはいいことです」と賛成した。石井が市川市商工会議所の会頭を務めていた縁で、千葉商科大学と商工会議所は連携協定を結ぶ準備を始め、千葉商科大が和洋女子大などに働きかけてつくった五大学ソーシアムと商工会議所、市川市による産官学連携の場が一八年末にスタートした。原科は、「石井さんは地域活動も非常に積極的な人で、とんとん拍子に話が進みました。産官学の連携がスタートできたのも石井さんのおかげだと思います」。

連合会の会長を永井に託す

二〇一五年を越えた頃から、石井は次期会長を誰に任せるか考え始めていた。廃棄物処理業界のリーダーとして走り続けてきた石井は、七〇歳を迎える二〇一八年で一つの区切りをつけようと考えていた。いつまでも業界の顔を続けていたのでは人が育たない。連合会の理事にいつまでも居続けようとする知人に、「もう後輩に譲ったらいいじゃないか」と説得し、引退してもらってもいた。懸案だった振興策も連合会にそれに取り組む体制をつくり、議員連盟を結成させ、将来に向かって線路を敷いた。あとは石井の意志を受け継いだ後継者が、その上を走ってくれる――。

石井の脳裏に候補者の顔が浮かんでは消えた。その中から二人の人物に絞ることにした。一人は大阪府の大幸工業社長の浜野廣美。浜野は創業者の浜野清（故人）の娘婿だが、建設廃棄物を扱う中間処理業を育て、関西でも屈指の地位を築いている。埋め立て処理するしかなかった建設現場から出た汚泥の再資源化に取り組み、埋め戻しなどに利用できる製品化に成功した。

もう一人は愛知県の永一産商社長の永井良一。永井も愛知県で中間処理業と収集・運搬業に取り組み、同社は徹底した選別による高いリサイクル率を誇る。愛知県産業廃棄物協会（現愛知県産業資源循環協会）の活動に熱心で、青年部から始まり、会長も長かった。石井は、私に、「二人とも資源循環の仕事を立派に行い人望があった。彼らなら私の考えを受け継いでりっぱにやってくれると思った」と語っていた。

浜野に固辞された石井は、永井の説得にかかった。永井は二〇一一年に連合会の副会長に就任し、一六年からは環境省の中央環境審議会の廃棄物処理制度専門委員会委員になり、廃棄物処理法の改正に向けた審議に参加していた。永井は「とても会長をやるだけの度量はありません。それに家族も反対です」と固辞したが、二年かけての説得が功を奏し、一七年秋に内諾を得るに至った。

石井は公的な仕事に整理をつける一方、会社を新しい形に作り替えようとしていた。まず、持ち株会社の市川環境ホールディングスを設立し、その下に関連企業をぶら下げる形に変えた。

従来は市川環境エンジニアリングが子会社を持ったり、資本提携した会社とつながっていたが、すべてホールディングスの傘下となった。

新しい事業を展開しようとしても資金が足らない場合は、他の大手企業と組んで会社を設立して事業展開を進めるというのが、これまでの石井のやり方だった。それは大手企業の人材や信用力を得られるメリットはあったが、石井が悔しい思いをすることがあった。そこで持ち株会社化して株式の上場を目指そうというのだ。それによって投資に必要な資金が得られる。

二組の交友関係

石井はプライベートで同業者ともよく付き合った。三人の会とも言えるものが二つあった。一つは、大平興産社長の山上毅と共同土木副社長の岡林聰とでつくった「三人の会」。岡林は「お互い仲が良かったから三人の会をつくりました。山上さんは最終処分場の経営者。私は建設廃棄物の中間処理とそれぞれ業態が違います。山上さんと石井さんは同じ早稲田大学の卒業生で話が合った。定期的に食事会を開き、意見を出し合っていました」と語る。山上も「石井さんを信頼していました。最初会った頃、『お互いに利用し合うことは悪いことだとは思わない。相手の会社を信頼することが大事なんだ』と言ったことがありました。その言葉を信用してくれたのか、仕事での取引量も増えていきました」と話す。

もう一つは、タケエイの会長三本守と都築鋼産の会長都築宗政との会合である。

タケエイは建設廃棄物の中間処理・最終処分業などを幅広く展開し、関東で最も大きな規模を誇る。現在は四つの事業（廃棄物処理・リサイクル、再生可能エネルギー、環境エンジニアリング、環境コンサルティング）を柱に総合環境事業の道を進めている。都築鋼産は東京に本社を置き、製鉄原料や非鉄金属の売買から始まった会社で、一九二四年創業の老舗だ。都築は、連合会設立のために太田を支え、東京の協会長も長く務めた。

三本が語る。「産業廃棄物処理業の今後について語り合おうということで、毎月一回、レストランなどで会食し、議論していました。ここでは思ったことを忌憚《きたん》なく話し合っていました」。一六年に都築が亡くなった後も二人で会っていた。一七年一一月に石井とレストランで会った時、業界の再編問題が話題になり、そのためにも合従連衡が必要だという結論になった。「お互いに和製メジャーを目指そうと言いあいました。石井さんとは目指すところが同じだと、改めて感じたのです」と三本は語る。

石井は、この業界が資源循環を進めることと、さらにエネルギー供給業に発展する絵を描いており、三本もそれを見据えて事業展開しているところが共通していた。少し前までは売上高では石井の会社がタケエイを上回っていたが、その後逆転され最近はその差は開く一方だった。経営の形態も、持ち株会社化を進め一部上場を果たした三本から石井が学ぶことは多かった。

石井はグラスのハイボールをなめ、三本の話に耳を傾けた。石井はふだんから赤ワインに目がなかったが、なぜかこの日は口にしなかったという。

不法投棄を見過ごしたカレー会社と愛知県

業界を底上げし社会から正当な評価を受けたいと考える石井にとって、不法投棄は憎むべき相手だった。香川県豊島に始まった巨大不法投棄事件は、青森・岩手県境事件、福井県敦賀市のキンキクリーンセンター事件、岐阜市の善商・椿洞事件、三重県四日市市の川越建材興業・大矢知事件、大阪市の化学メーカー石原産業・フェロシルト事件と二〇〇〇年代の初めまで続いたが、一〇年代になって収まった感があった。

ところが、また起きた。巨大な量ではないがその内容が問題だった。二〇一六年七月、食品ごみから堆肥を製造するリサイクル業者のダイコー（愛知県稲沢市）が廃冷凍食品を横流しし、それが市場で販売される食品廃棄物の横流し事件が発覚した。愛知県警はダイコーと仲介した倉庫会社の経営者らを逮捕したが、事件はそれで収まらなかった。不法投棄や不適正処理を防止するために行われてきた行政の措置が有名無実化していることがわかったからである。

この事件は、業者に委託していた「カレーハウスＣｏＣｏ壱番屋」で知られる壱番屋（本社・愛知県一宮市）の社員が、廃棄処分されたはずのビーフカツがスーパーで販売されているのを見つけたことが発端となった。県警や愛知県が調べると、ダイコーへの委託は、イオングループ、セブン－イレブン、ローソンなどの大企業が名を連ねていた。

ダイコーは、食品廃棄物で堆肥を造るという触れ込みで処理費を受け取り、廃棄物の流れを記録した電子マニフェストを偽造し、横流ししたり自社の敷地に投棄したりしていた。

これは「リサイクル偽装」と呼ばれる犯罪だが、過去にはミミズの養殖に使うと偽って有害な産業廃棄物を受け入れていた豊島事件や、固形燃料のＲＤＦを造るといって有害廃棄物を埋めていた青森・岩手県境事件が有名だ。政府はこの二つの巨大不法投棄事件の反省から二〇〇〇年に法律を改正し、排出事業者が処理業者と契約を結ぶ際に、処理施設を確認して適正に処理されることを確認することを義務づけた。さらに自治体による立ち入りなど調査の権限も強めた。ところが今回の事件を見る限り、規制強化の効果はなかった。

県の担当者が言う。「壱番屋はその確認作業を代行業者にやらせ、形式上は堆肥化施設を訪れ、稼働しているのを確認したことになっていた。しかし、県に提出された書類に添付された写真は、塀の外から施設を撮ったものしかなかった。確認していなかったのではないか」。ダイコーに委託した他の業者もおしなべて代行業者にやらせていた。私が現地を訪れると、本社の敷地には大量の食品廃棄物が積み上がり、堆肥を製造していたという別の工場では、相当前から稼働していなかったことが近隣住民の証言からわかった。

県の指導も甘かった。法律に基づき数年に一度、県の出先機関が立ち入り調査していたが、書類が整っているかを確認するだけで、偽造された電子マニフェストをチェックしていなかった。製造装置は動いていなかったが、「今日は機械の調子が悪く、たまたま止まっている」とウソをついた社長の説明を鵜呑《うの》みにしていた。

これでは何のために法改正したのかわからない。石井の指示で連合会は、排出事業者自身が、委託した処理業者が適正処理（飼料化、堆肥化等）をしているのか確認するための「廃棄食品実地確認チェックリスト」を作成した。これをもとに確認作業を行えば、手抜きもできないし、業者に騙《だま》されることもないというわけだ。石井は「ダイコー事件に私たちが責任ある対応をするためだった」と話している。

リサイクルできない低料金で処理させていた排出事業者たち

世論から批判を浴びた環境省は審議会を立ち上げ、廃棄物処理法の改正を目指すことになった。連合会は法制度対策委員長の永井が中心となり、二七項目にもわたる要望書を環境省に提出した。低額の料金で契約されていたとの指摘があることから、要望書は、不当に低い処理委託費の強制を排出事業者に禁じる一般的な禁止事項を処理法に条文化すること、公共機関が違反した場合は都道府県が勧告する仕組みを入れること、民間が違反した場合は独占禁止法と連携した措置を取れるよう公正取引委員会が基準を設定することを求めていた。

幾つかの要望は採用されたが、最も重要な適正価格の確保を求めた項目は採用されなかった。しかも、排出事業者たちをおもんぱかってか、審議会の検討項目にすらされず、排出事業者が幾らで契約していたのかという最も重要な情報は伏せられた。排出事業者は「他の業者と比べてもほぼ同額で委託しており、不当に安いとは思わない」（壱番屋）と私に説明するが、ある処理業者は「排出事業者はキロ八～一二円で委託していたと聞いた」と明かす。この料金でまともな堆肥が造れるのだろうか。

豊島の不法投棄事件で、廃棄物の処理を委託した工場群が罪に問われなかったように、今回も処理を委託した排出事業者の責任は不問とされた。連合会の元会長の鈴木勇吉は「安ければ良いという排出事業者の姿勢はいまだに改まっていない。九一年の改正の時に適正料金での委託を求め、産業界の反対で実現できなかったが、同じことの繰り返しだ」と嘆いた。チェックリストの作成を指示した石井も同じ思いをしたことだろう。

EUのサーキュラー・エコノミー

政府が進める3Rとは、リデュース（ごみの発生抑制）、リユース（再使用）、リサイクル（再利用）のことだが、先にみた食品廃棄物をとってみても、近くにリサイクル施設がない場合は自治体の清掃工場に持ち込むことが認められており、大半の食品廃棄物が燃やされている。その料金も安く、自治体がリサイクル業者の事業の障害になっている。それに3Rは元々ごみ減量のために考え出されたもので、資源循環の産業を育成するという視点は希薄だ。

発生した廃棄物を燃やし、灰を埋めるという行為を「適正処理」と呼び重視してきた日本では、廃棄物から再生資源を造り産業化するという動きはなかなか起きなかった。石井が取り組んできたリサイクルも、その利益は排出事業者から受け取るごみ処理費に頼っており、再生品の販売利益の比率は小さい。石井が唱える「ごみ処理業から資源循環の産業化」というのは、処理料金に頼るだけでなく、再生品の高品質化と市場拡大によって、製造業として成り立つ産業のことをいう。

それはEUが二〇一五年に打ち出した「サーキュラー・エコノミー」に重なる。石井は二〇一七年に自社で行った年頭のあいさつでこう述べている。

「欧州ではサーキュラー・エコノミーというものが、EUの戦略として打ち出されています。これはこれまでおなじみの3Rの考えを踏襲するものではなく、原材料の加工工場が中国など海外へ出て富が残らなくなったEUが、域内製造業の競争力強化のために、原材料調達の安定性を向上し、安価で高品質な再生材利用を拡大するために、資源政策・産業政策として導入したものであり、これを反対しがたい環境政策として構築し、国際標準化と組み合わせることで、海外展開と欧州市場の防衛を図る政策です。これは昨年の伊勢志摩サミットの前に採択された富山物質循環フレームでも承認された概念であることから、今後は欧州と離れた我が国にもこの影響が及ぶことになります」。

日本がこれから何を目指していくべきか。中央省庁の縄張り意識から個々にリサイクル法ができてはいるが、総合的な政策を持たない日本が、いわゆる「黒船」という外圧で変わらざるを得なくなるというかすかな期待を、石井は抱いていたようである。

エピローグ

やり残したこと

二〇一七年の年が明けた。三月に開かれた千葉県産業廃棄物協会の理事会で、石井は「会長を降りて、後を杉田建材常務の杉田昭義さんに任せたいと思う。みんなで盛り上げていただきたい」と述べた。副会長だった杉田には事前に了解を取り付けてあり、満場一致で了承された。その翌月には懸案だった全国産業廃棄物連合会の会長人事も、愛知県の永井良一の内諾を得て、石井は公的な役職から降りる準備を着々と進めていた。

半年後の一一月、連合会など三団体の主催で「産業廃棄物と環境を考える全国大会」が高知市で開かれた。その前日千葉県の協会から派遣されていた主任書記の御地合美根子は、専務理事ら協会スタッフと千葉の処理業者らと一緒にホテルの飲食店で夕食をとっていた。もちろん輪の中心に笑顔の石井がいた。

御地合が声をかけた。「会長の中では石井さんが一番長い。名誉会長になって時々顔を出していただけますか」。石井は「いいよ、行くよ」と笑った。上機嫌で語る石井の両手がかぶれて赤く染まっている。「手が荒れてますね」。御地合が心配そうに言うと、「ぼつぼつが出てくるんだよ」。石井は自分の手に目を落とした。

さて、石井が手塩にかけた振興法案の大綱がようやくできあがった。法律の骨格にあたるもので、それを国会議員たちに披露し、応援してもらわねばならない。石井は体調が悪いにもかかわらず、一二月一二日永田町の議員会館に向かった。この日は産業・資源循環議員連盟の総会があり、懇意にしている元厚生大臣の丹羽雄哉、事務総長の片山さつきをはじめ、連盟の国会議員一八人と秘書九人が出席していた。全国産業廃棄物連合会から石井のほか次期会長になる永井ら役員七人、政治連盟からは理事長の國中賢吉、理事の川本義勝（振興法担当）らが並んだ。環境省からは後に局長になる環境省環境再生・資源循環局次長の山本昌宏らが緊張した面持ちで席についていた。

総会の冒頭、丹羽雄哉があいさつに立ち、初代会長としてリサイクルや温暖化対策を重点として循環型社会構築のために取り組んできたことを振り返った。その後片山さつき事務総長が新会長の人選について提案し、丹羽の後任の新会長に田中和徳代議士が選ばれた。田中は「資源循環型産業の一翼を担う産業廃棄物処理業界が更なる飛躍をし、事業を展開しなければならない」とエールを送った。

続いて連合会会長の石井が振興法案の検討経過と法案の大綱を説明し、その実現に向けた支援をお願いした。法案でなく大綱にしたのは、今後関係者の意見で内容が変わっていくと想定したからだ。國中賢吉もマイクを持ち、「お力添えをお願い致します」と頭を下げた。

業界は役所に弱い。役所は政治家に弱い。政治家は業界に弱いといわれる。その構造を使い、法制化に消極的な環境省にも理解し協力してもらおうというのが、石井らの考えだった。今では連合会の総会に環境省の幹部が出席するのは当たり前になっているが、四〇年前にあった連合会の創立総会には、招待状を出した厚生省と通産省の官僚たちは揃って欠席し、太田忠雄らが翌日省庁をあいさつして回ったことがあった。その記憶をとどめているのは出席者の中で石井しかいなかった。

この頃の石井の動きはめまぐるしい。三日後の一二月一五日、石井は人の仲介である経済人と会った。都内のそば屋で酒を酌み交わし、石井は和製メジャーの夢を語った。どんな形で事業を展開していくのか、石井は饒舌に語り続けた。和んだ雰囲気で時が過ぎた。その後、経済人が二人を引き合わせた人物に連絡してきた。「石井さんは中長期的に腰を据えて考える人。親分肌も併せ持った人で好感を持った」。

仲介者が言う。「石井さんは和製メジャーになるんだと、大きな構想を描いていました。それを応援しようと紹介しました。二人の息が合い、トントン拍子に行くのではないか。そんな予感がしていたのですが……」。

話はそれっきりになった。石井が緊急入院してしまったのだから。

緊急入院

一二月二一日、妻の憲子に説得されて慈恵医大病院を訪ねた石井は、医師から即入院するように言い渡された。がんと疑う兆候があったからだ。一週間後に精密検査の結果が出た。悪性リンパ腫のステージ4。悪性リンパ腫といえば、先妻の雅子の命を奪ったのもこの病気だった。一人娘の理恵を残して逝ってからすでに一〇年の歳月がたっており、石井がそのことに思いが及ぶはずもなかった。

しかし、その病魔の兆候はその年の春から現れていた。手に帯状疱疹《ほうしん》ができ、それが破けて激しいかゆみを伴うようになった。病院で皮膚病と診断され、薬を服用したが改善せず、人から紹介された東京医大に代えた。だが、症状は一向におさまらない。石井は真っ赤にはれあがった手を隠すため、白い手袋を着用するようになった。一〇〇キロもあった体重が一カ月で一〇キロ減ったが、がんの進行を示すこの症状に石井は気がつかない。憲子も「よかったじゃない。ジムに通っているのだから」と素直に喜んでいた。

　秋が深まると帯状疱疹が全身に広がった。慈恵医大を訪ねたのは一二月下旬になってからだった。タイミングの悪いことにすぐに正月休みに入り、石井の症状は悪化していく。一月三日早朝、石井は心停止に陥った。電気ショック治療で蘇生したものの、すぐにＩＣＵ（集中治療室）での治療に移った。抗がん剤による苦痛に耐えかね、「もう楽にしてほしい」と懇願する石井に、憲子は「治るから頑張って」と励まし続けた。

　三週間にわたるＩＣＵでの治療の成果が現れたのだろうか、石井は月末に一般病棟に移った。「やがてこの病院を出られる日が来る」と、憲子は期待を抱いたが、今度は肺炎を併発してしまう。抗生物質が投与され、新たな菌と必死に闘う石井を丹羽雄哉が見舞った。麻酔のために意識のない石井の右手を握った。「石井さん、わかりますか。丹羽です！」。その呼びかけに、石井は丹羽の右手をかすかに握り返した。

　丹羽は、石井が入院する直前に東京・八丁堀近くの市川環境エンジニアリング東京支店で石井に会っていた。石井は中新田に会社の事業の説明をさせた。一部上場に向けて着々と次の手を考えていた意気軒昂な石井の姿が脳裏に焼きついていた。「同じ目的に向かって一緒にやってきたのに、どうしてこんなことになってしまったんだ」。志半ばで倒れた石井の心中を思いやった。

それから数日後の二月四日。前日から病院に泊まり込んでいた憲子は、夜中の三時に看護師から知らせを受けて病室に入った。数値が回復傾向を見せ、「奇蹟が起きた」と看護師の手を取って喜んだ。しかし八時半に様態が急変し、危篤状態に陥った。必死に声をかけ続けたが、石井は肩で息をすると、静かに永遠の眠りについた。連絡を受けて駆けつけた娘理恵と夫の聡ら親族、丹羽雄哉、大学の後輩国吉誠は、石井の顔をのぞき込むと声もなかった。あまりにも唐突な死だった。

二月一三日に市川市のセレモニーホールで行われた告別式には、前日の通夜も含め約二二〇〇人の弔問客が訪れた。私がホールに入ると、会場正面にひとなつっこい石井の写真が掲げられていた。インタビューした時に「今度遊びにいらっしゃい」と語った時と同じ笑顔である。

市川商工会議所の前会頭で警備会社を経営する片岡直公と、石井の遠い親戚にあたる市川市議会議員松永おさみの弔辞の後、献花の長い列ができた。全国産業廃棄物連合会の國中賢吉前会長、次期会長が予定されている永井良一、業法をつくれと進言した川本義勝、元環境庁幹部の加藤三郎、元国立公衆衛生院幹部の田中勝ら産業廃棄物とつきあってきた人々が遺影に手を合わせた。丹羽雄哉、代議士の山本有二、薗浦健太郎ら政治家の顔も見える。そして地元の経済人や地元住民が続く。石井の人柄を偲《しの》んでやってきた参列者は途絶えることがなかった。

私もその列に入った。大阪から駆けつけた國中が「偉丈夫で、あんなに元気いっぱいだったのに驚いた。連合会をひっぱってもらいたかった」と言えば、隣にいた加藤が「私が環境庁を退職し、独立した時には親身になって支援してくれた。静脈産業を代表するパイオニアが逝ってしまった」。惜しむ声があちこちから聞こえた。

夢の実現へ

石井は一七年四月の新入社員八人を迎えた朝礼で、「深根固柢《しんこんこてい》」という言葉を紹介した。物事の基礎を固めて不安定にならないようにすることという意味で、老子から引いたものだ。ここ数年石井は中国の故事を引用し、朝礼で社員に戒めとして語っていた。木の根を深く固くすること。それは石井という重石のなくなった会社にとって、最も大切なことなのかもしれない。

石井が思い描いた和製メジャーを目指すという壮大な夢はいったん表舞台から消えた。株式を上場した後、海外メジャーを巻き込み、大手の鉄スクラップ業者とも組み、一大資源循環企業を興そうとでもしたのか、今となっては知るよしもない。

地球規模の海洋汚染を招いているとして問題になっているマイクロプラスチックについて、政府もプラスチック資源循環戦略を策定してこの問題に本腰を入れて取り組もうとしている。重点戦略として「3R＋Renewable（持続可能な資源）」を掲げ、3Rのさまざまな取り組みだけでなく、資源循環関連産業の復興、リサイクルインフラの整備、サプライチェーンの構築といった基盤整備の必要性をあげている。どれもこれも、石井が長年唱え続けてきたことではないか。さらにそれを具現化するために、二〇二一年、プラスチック資源循環促進法が制定された。石井が長年苦労しながら造りあげてきたプラスチックのリサイクル技術と施設もまた、大きな出番を迎えているのである。

産廃処理業界の振興法の議員立法化は、議員らから「法制化より、まずはできることからやったらどうか」との指摘を受けて後回しとなり、議員連盟に設置されたプロジェクトチーム（PT）で手のつけられるところから検討することになった。一九年春、PTは処理にかかわる従事者の資格制度の創設と再生品の利用促進などの提言書を環境大臣に提出した。

しかし、環境省は、これは連合会で検討すべきだと難色を示したため、連合会独自の資格認定制度と、建設汚泥と採石の再生品の認定・普及の仕組みを検討することになった。この二つは振興法の大綱が掲げたメインメニューであり、いずれも国が新法で規定するとしていたから、国に断られた時点で、振興法づくり自体が暗礁に乗り上げたことになる。

ところが、石井が亡くなった後、連合会は振興法の条文づくりを伊藤に託し、二一年三月に条文を公表した。国による従事者の資格制度や再生品の品質基準・利用基準の設定など、石井が主軸に据えていた項目は消え、処理業者と国、自治体に資源循環の取り組みを求める「努力義務」の条文が多数並んでいた。これでは処理業者の地位向上につながらない。それを見た処理業者や地方の協会から「何のために法制化するのかわからない」と戸惑いや批判の声が出た。

立法の趣旨が曖昧なまま、連合会はなおも法制化を進めようとした。しかし、事前の根回しをしてこなかったこともあり、国の了解は得られず、おまけに同業の一般廃棄物処理団体からも反発が起きた。国会に提案する役目を担う議員連盟の議員からも、「全国的な盛り上がりがない」と言われ、先行きは不透明となっている（資格制度は連合会単独の認定制度に、汚泥と採石の再生認定は法律とは別に進めることになった）。もし石井が健在だったら、事前にじっくり国や政治家と相談し、柔軟で狡猾な対応をしたのではないか。

それでも、石井が説いた産廃処理から資源循環化、廃棄物処理業の産業化の流れは止まることなく、進む。資源循環社会に向かう流れをうまくつかまえた業者は今後大きく飛躍することだろう。専門性を高め、合従連衡など様々な手法を駆使しながら、来るべき世界に向けてみんなでボートをこぎ出そう。そんな石井の夢がかなうのはいつのことなのか。


（敬称略）

あとがき

二〇二〇年は、新型コロナウイルスが世界を襲った年として世界の人々に永遠に記憶されることだろう。コロナウイルスは何百万人もの命を奪い、人々の生活と経済を粉々にした。欧米やアジア諸国ではロックダウンが行われ、人々は自宅に閉じこもった。日本でも政府が緊急事態宣言を行い、自粛要請された人々の姿が街から消えた。人の移動が途絶え、工場が操業を停止し、飲食店や商店が休業に追い込まれ、社会活動と産業活動は後退をよぎなくされた。病院に多くの感染者が運び込まれ、幾つもの病院や老人ホームでクラスターが発生した。それを食い止めようと、医療従事者や福祉従事者は懸命に働き、称賛の拍手が送られた。

ところが――。

コロナウイルス関連の報道が連日新聞や雑誌、テレビ、ネットにあふれ返るなか、ほとんど話題にならないのが廃棄物処理の世界だ。新型コロナウイルスは感染力が強く、感染者が排出したごみはウイルスで汚染されている可能性がある。感染者が入院した病院から排出された感染性廃棄物は民間の収集業者が引き取り処理施設に持ち込み安全に処理されている。感染者のいる家庭から出る家庭ごみも他の家庭ごみと同様に処理されている。そして一般の家庭ごみも、工場から出た産業廃棄物も滞ることなく処理されている。

もし、処理が止まったら感染リスクも社会不安も急激に高まる。その社会インフラを支えているのが廃棄物処理に携わる人々である。しかし、国は彼らへの感謝の念や彼らが感染しないための配慮の心が薄いのではないか。

その証左の一つが、環境省が出した新型コロナウイルスの感染防止を踏まえた以下のような通知だ（抜粋）。処理業界で随分話題になった。

「医療関係機関等以外から排出される、感染性廃棄物に該当しない廃棄物については（廃棄物処理における新型インフルエンザ対策）ガイドラインに準拠し適正に処理すること。

なお、現時点では、一般的な状況における新型コロナウイルス感染症の感染経路は飛沫感染及び接触感染であると考えられている。これは新型インフルエンザと同様であることから、新型コロナウイルス感染症についても、新型インフルエンザ対策と同様に通常のインフルエンザに係る廃棄物の処理と同様の方法により処理することで感染を防ぐことが可能と考えられる。

このため、作業員が新型コロナウイルスに触れることなく収集運搬及び処分すれば作業員が感染することなく処理できるものと考えられる」。

Q＆A集にはこうある。

Q　新型コロナウイルスが流行しても、廃棄物処理事業は継続しなければならないのですか。

A　廃棄物処理を含め、医療やライフライン関係事業者など、その事業の停止により最低限の国民生活の維持に支障をきたすおそれのある事業者については、新型コロナウイルス流行時においても、「廃棄物処理における新型インフルエンザ対策ガイドライン」に沿って、事業の継続が求められることになります。

環境省が示した2009年策定のこのガイドラインは、自治体や処理業者が計画をつくり、ガイドラインに沿った対処を求めている。計画に書かれている基本方針には、感染が拡大しても業務を継続するとある。首をかしげるのが、処理に従事する人たちのリスク評価と防止策だ。収集会社の欄を見ると、運転者、収集者、事務所の事務員など職種ごとに分けて記載されている。運転者はマスクと手袋など防護具着用と書かれているが、肝心の収集者にはその表記はないから素手でOKとしているようだ。リスク評価は運転者と事務員がⅢ（感染リスクあり）と高く、収集者はⅡ（感染リスク若干あり）と低い。これは人と接触する可能性のみでリスク評価を行い、ごみ袋を運ぶ行為を、ごみはごみ袋に入れ、収集者に直接触れないことを前提とし「感染リスクゼロ」とみなしているように思える。

ある収集、処理会社の社長はこの通知に嘆いた。「収集作業の従業員が危険なことぐらい子どもでもわかる。ごみ袋は破れて中身が出て、手に触れることがよくある。目一杯詰めたごみ袋はパッカー車で圧縮すると破裂して中身が飛び散る。インフルエンザと違って、コロナウイルスにはワクチンがいき届かず治療薬もないというのに、感染に耐えて仕事を続けよと言われているように感じる」。

このガイドラインは、ワクチンと治療薬がいきわたっているインフルエンザを前提に策定されている。新型コロナウイルスはそれが欠け、感染力も強いから恐れられているのだ。

病院や感染者が療養するホテルから出た感染廃棄物を回収、処理している人たちは、防護服に身を包み、それこそ命がけだ。もし石井邦夫氏が健在なら、官僚に対して穏やかな口調ではあるが、「社会を支えているエッセンシャルワーカーに対して、温かいまなざしと感謝の心を持ってもらえないのだろうか」と、諭したのではないか。

片や市民には優しさがあったようだ。東京都東村山市にある加藤商事は多摩地域の4市の家庭ごみの収集をしている。加藤宣行社長は、石井邦夫氏から薫陶を受けてきたという。その社長が「こんなものをもらって、うれしいんですよ」と、紙の束を見せてくれた。

「回収業者様　危険と隣り合わせの中、回収して下さりありがとうございます。感染拡大していますが、ご自身の身を守ってお仕事頑張ってください」

「大変な時期、普通に生活できるのは皆様のおかげです。ありがとうございます」

「いつもありがとう。コロナ気をつけてね」

子どもや主婦、老人、会社員……。様々な人たちがマジックやペンで紙に書いたものだ。各家庭の玄関に貼りつけられていたり、ごみ袋の上に載せられていたり。「危険と隣り合わせにいる者たちの励みになります」と収集に当たる社員が顔をほころばせた。だから、この仕事はやりがいがあるという。

＃

いまでこそリサイクルや資源循環という言葉は社会に広く認知されているが、その先頭に立ってきたのが石井氏だった。本書は石井邦夫という起業家が、ごみ収集から始まり、やがてリサイクルに目覚め、そして資源循環産業にたどり着くまでの歩みと、静脈産業の廃棄物処理業者をまとめて協会をつくり、行政や動脈産業と渡り合ってきた歩みの二つの歴史を描いた。

取材は市川環境エンジニアリングとその関連会社の社員やＯＢ、取引先、さらに政治家、官僚、廃棄物処理団体など広範囲に及んだ。邦夫氏の死去のあと社長を継ぎ、出版を快諾していただいた石井憲子さんに感謝したい。市川環境ホールディングスは二〇二〇年四月、三菱商事出身の水谷重夫氏が社長に就任した。更なる発展を祈りたい。

取材先で聞く話は新鮮で勉強させられることが多かった。新日鉄から出向した土師隆さんが「毎日が発見の連続だった」と漏らした感想は、そのまま私にも当てはまる。取材した一人ひとりにお礼を言いたいのは山々だが、紙幅の制限もあり、お名前の掲載で許していただきたい（肩書、敬称は省略）。

二〇二一年五月三日　杉本裕明

青山俊介、赤木誠志郎、荒井孝雄、五十嵐あき子、石井清、石井理恵、石井聡、石井憲子、石塚肇、井関康人、伊藤清、伊藤哲夫、岩楯保、岩間雄一、上田晃輔、海野優太、大賀実、大木正都、大山長七郎、岡林聰、御地合美根子、加賀山保一、香川智紀、片岡直公、加藤宣行、加藤三郎、鎌田俊介、川上徹、川本義勝、木下光生、木村尊彦、木村博昌、木村秀雄、熊谷克巳、國中賢吉、国吉誠、佐々木武史、佐藤達夫、佐藤俊彦、汐澤清、篠田達弘、芝田稔秋、島田康弘、島野正則、進藤善夫、須賀精二、杉田昭義、鈴木宏信、鈴木勇吉、須藤健、瀬川順也、関荘一郎、瀬田公和、高橋俊美、武孝夫、高村浩、竹内はま子、竹谷昌徳、谷内祐幸、武元直樹、土田岳史、坪井伸之、土井洪二、東方綾子、豊田直樹、永井良一、中新田直生、成田浩司、仁井正夫、西川浩、丹羽雄哉、土師隆、橋口昌央、浜野廣美、原科幸彦、平松善広、福代淳一、古川洋一、古谷進、細田衛士、堀地章五、松浦敏明、松崎正一、松田裕雄、松永おさみ、松本博希、溝入茂、三本守、宮川敦、村田徳治、森島進、森村努、森谷賢、矢作正、山上毅、山口弘之、横田勇、吉岡均、環境省、全国産業資源循環連合会、東京都産業資源循環協会、千葉県産業資源循環協会、静岡県産業廃棄物協会、東京都、日本環境保全協会、東京環境保全協会、市川市、市川商工会議所、江戸川区役所。

【引用・参考図書】

『日本の清掃問題―ゴミと便所の経済学』柴田徳衛　東京大学出版会　１９６１
『東京清掃協会沿革史』東京清掃協会　１９６６
『北鮮の日本人苦難記―日窒興南工場の最後』鎌田正二　時事通信社　１９７０
『日本窒素史への証言』『千葉ファインの十六年』『思い出の記』同　私家版
『江戸川区の歴史』別所光一・丸山典雄　名著出版　１９７８
『ゴミ戦争　地方自治の苦悩と実験』寄本勝美　日本経済新聞社　１９７４
『疾風怒濤　県政二十年のあゆみ』友納武人　社会保険新報社　１９８１
『五十年の歩み』一般社団法人　東京環境保全協会　１９８２
『私の三井昭和史』江戸英雄　東洋経済新報社　１９８６
『私の清掃史―清掃事業の近代化にかけて』工藤庄八　私家版　１９８７
『追跡・湾岸開発』朝日新聞千葉支局　朝日新聞社　１９８７
『ごみの百年史―処理技術の移り変わり』溝入茂　學藝書林　１９８７
『製紙スラッジ等の固形燃料化プラント実証実験最終報告書』クリーン・ジャパン・センター　１９８９
『千葉県の百年　県民１００年史』山川出版社　１９９０
『廃棄物とリサイクルの経済学――大量廃棄社会は変えられるか』植田和弘　有斐閣　１９９２
『20年のあゆみ』市川環境エンジニアリング　１９９２
『三井と歩んだ七〇年』江戸英雄　朝日新聞出版　１９９４

『グッズとバッズの経済学―循環型社会の基本原理』細田衛士　東洋経済新報社　1999
『東京都清掃事業百年史』東京都　2000
『20年のあゆみ』社団法人千葉県産業廃棄物協会　2000
『20周年記念誌』全国産業廃棄物連合会　2005
『新訂・廃棄物のやさしい化学　第1巻　有害物質の巻』村田徳治　日報出版　2003
『廃棄物工学の基礎知識』田中信壽編著　技報堂出版　2003
『プラスチックリサイクル入門』松藤敏彦編著　同　2009
『廃棄物安全処理・リサイクルハンドブック』武田信生監修・同編集委員会　丸善出版　2010
『日本の3R制度・技術・経験の変遷に関する研究』廃棄物研究財団　2010
『再生燃料（RPF）製造販売事業並びにRPF製造システム販売事業』市川環境エンジニアリング　2013
『赤い土・フェロシルト―なぜ企業犯罪は繰り返されたのか』杉本裕明　風媒社　2007
『廃棄物列島・日本―深刻化する廃棄物問題と政策提言』畑明郎、杉本裕明　世界思想社　2009
『環境省の大罪』杉本裕明　PHP研究所　2012
『ルポ　にっぽんのごみ』杉本裕明　岩波書店　2015

【専門誌等】

『都市廃棄物をめぐる話題』生活と環境　1970年9月号　日本環境衛生センター

『ニューヨークの清掃事業』野口晃 都市清掃 1971年9月号 全国都市清掃会議
『産業廃棄物対策をめぐって』経団連月報 1973年12月号 経団連
『廃棄物行政の今後の展望』山村勝美 月刊廃棄物 1976年4月号 日報ビジネス
『クリーンジャパンを目指して』永野重雄 クリーン・ジャパン 1976年4月号 クリーン・ジャパン・センター
『ヨーロッパ見聞記』加藤博明 同 1976年9月号
『ヨーロッパにおける再資源化政策の動向について』同 1977年3月
『第1回リサイクリング世界会議について』鍋島淑郎 同 1978年9月号
『スターダスト'80』咲山忠男 同 1979年1月号
『海外におけるリサイクル』大山長七郎 同 1980年1月号
『季刊全産連』(1980年4月~1985年7月) 全国産業廃棄物連合会
『ニュービジネスリーダーがここにいる』近代中小企業 1983年9月号
『RDF(固形燃料)化への挑戦』都市と廃棄物 1983年10月号
『廃プラスチックとその処理・資源化技術の動向』山中唯義 クリーン・ジャパン 1984年5月号
『プラスチック再生加工業の現状と今後のあり方』同 同 1984年9月号
『中間処理の重要性を考える』石井邦夫 月刊廃棄物 1985年10月号
『私の健康法』鈴木彰二 いんだすと 1986年10月号、全国産業廃棄物連合会
『廃プラスチックの処理・資源化の現状と課題』飯島林蔵 同 1990年9月号
『リサイクル推進についての取り組み方について』倉阪秀史 同 1991年11月号

『産廃処理業界の質の向上に今何が求められているのか』石井邦夫ら 同 1992年5月号
『不況の影響と今後の産廃処理』石井邦夫ら 同 1994年3月号
日本経済新聞 千葉県版 1994年4月14日付朝刊
『高周波プラズマでフロンを分解する』梶家治 電気学会誌 1994年11月号
『移動式破砕機を用いた建築材料のごみ処理に関する研究』石井邦夫、堀地章五 日本建築仕上学会大会学術講演会 1996
『頑張れ起業家』Forbes JAPAN 1997年5月号
『リサイクルシステム提案で一歩先を行く処理業界のリーダー』石井邦夫 月刊廃棄物 2002年1月号
『循環型社会と産業廃棄物』石井邦夫ら いんだすと 2003年7月号
『廃棄物・リサイクルガバナンスガイドライン 私はこう考える』石井邦夫 同 2005年2月号
『アジア循環型社会圏づくりへ』石井ら 同 2006年1月号
『市川環境新聞』(社報)2008~2016
『産廃の群像 石井邦夫代表取締役に聞く』環境施設 2009年118号 公共投資ジャーナル社
『トップの目線 石井邦夫氏』産廃NEXT 2010年4月号 日報ビジネス
『ごみと歩んだ30年』由田秀人 都市と廃棄物 2009~2011年 環境産業新聞社
『産廃処理業の将来展望』いんだすと 2011年1月号
『家電リサイクル法の見直しについて』石井邦夫 同 2014年3月号
『石井邦夫氏に聞く業界展望』同 2015年1月号

『全国産業資源循環連合会の30周年と新たな展望』同　２０１６年1月号
『業界振興、人材育成など積極果敢　石井邦夫氏に聞く』同　２０１７年1月号
『日廃振センター情報』２０１７年10月号　日本産業廃棄物処理振興センター

装丁　櫻井　浩（⑥Design）
本文デザイン・DTP　美創
カバー写真　月刊いちかわ2005年12月号（No.433）
連載「笑顔の玉手箱」
本文写真協力　市川環境エンジニアリング

〈著者プロフィール〉

杉本裕明（すぎもと・ひろあき）

1954年生まれ。早稲田大学卒。1980年より2014年まで、朝日新聞記者（環境専門記者、記事審査委員会委員、総合研究センター主任研究員など）。廃棄物、自然保護、公害、地球温暖化、ダム・道路問題、環境アセスメントなど環境問題全般に精通し、霞が関行政のウォッチを続ける。現在はフリージャーナリストとして執筆、講演活動を行う。著書に『産廃編年史―廃棄物処理から資源循環へ』（環境新聞社）、『テロと産廃　御嵩町騒動の顛末とその波紋』（花伝社）、『ルポ　にっぽんのごみ』（岩波書店）、『社会を変えた情報公開』（花伝社）、『環境省の大罪』（PHP研究所）、『赤い土―なぜ企業犯罪は繰り返されたのか』（風媒社）、『廃棄物列島・日本―深刻化する廃棄物問題と政策提言』（編著、世界思想社）、『ゴミ分別の異常な世界―リサイクル社会の幻想』（共著、幻冬舎）など多数。

ゴミに未来を託した男
石井邦夫伝

2021年10月15日　第1刷発行

著　者　杉本裕明
発行人　見城 徹
編集人　福島広司
編集者　相馬裕子

GENTOSHA

発行所　株式会社 幻冬舎
〒151-0051　東京都渋谷区千駄ヶ谷4-9-7
電話　03(5411)6211(編集)
03(5411)6222(営業)
振替　00120-8-767643
印刷・製本所　株式会社 光邦

検印廃止

ISBN978-4-344-03836-3　C0095
幻冬舎ホームページアドレス　https://www.gentosha.co.jp/

この本に関するご意見・ご感想をメールでお寄せいただく場合は、
comment@gentosha.co.jpまで。